'그를 아는 것'

knowing him 노잉힘

'그를 아는 것'

노잉힘

Knowing him

글·사진 정선경

GLORIA

prologue

그러므로 우리가 여호와를 알자 힘써 여호와를 알자

그의 나타나심은 새벽 빛 같이 어김없나니 비와 같이,

땅을 적시는 늦은 비와 같이 우리에게 임하시리라 하니라. 호 6:3

Knowing Him, 그를 아는 것에 대한 온전한 기쁨이 내 삶을 지배하기까지 너무 오랜 시간이 걸렸습니다. 모태에서부터 하나님의 이름을 들어온 저이지만 그분을 알고 그분과 함께 하는 삶을 선택하는 순간 너무나 큰 희생과 대가가 따를 것이라는 '속이는 소리'에 삶을 송두리째 빼앗긴 채.

도둑이 오는 것은 도둑질하고 죽이고 멸망시키려는 것뿐이요

내가 온 것은 양으로 생명을 얻게 하고 더 풍성히 얻게 하려는 것이라. 요 10:10

하나님을 온전히 알지 못하기에 내 삶의 주도권을 내주는 순간 내가 원하는 것 역시 포기해야 될 것이라는 알 수 없는 두려움을 떨쳐내고 더 풍성하게 하기 원하시는 그 분의 마음을 신뢰하며 진실로 받아들이기까지 수많은 오해와 방황, 반항이 있었던 것도 사실이랍니다.

내가 그랬던 것처럼 나와 같은 청년들, 꿈을 찾고 있는 수많은 영혼들 역시 그들이 서 있는 길 위에서 치열한 싸움을 벌이고 있을 것이라 생각합니다. 아직도 양 손에 힘을 잔뜩 주고서 말이죠.
그리고 물고기가 물에 있고, 하늘을 나는 새가 공중에 있을 때 가장 평안함을 누리듯, 하나님께로부터 난 우리가 결국 하나님 안에 속해 있을 때만 온전한 평안을 누리게 된다는 진리를 몸부림치며 알아가게 될 것입니다.

좋습니다. 포기하지 말고 걸어만 가세요. 우선은 그것으로도 충분합니다.
그 길을 묵묵히 걸어가다 보면 내가 온전해지고 풍성해지는데 온 관심을 갖고 계신 하나님의 진짜 성품을 만나는 순간이 반드시 있을 겁니다. 그 순간 수많은 속이는 소리들이 무릎을 갖추고 진실성의 정확한 포인트가

내 삶을 관통하는 짜릿한 즐거움을 만끽하게 될 것입니다.

저도 그 기쁨을 맛보았기에 그리 뛰어나지 않은 실력이지만 내가 가진 것으로 '그분을 알아가는 것'에 대한 감격을 표현해냈습니다.

저 역시 과정에 속해 있는 사람일 뿐입니다. 문화사역의 기획을 비전으로 품고 한걸음씩 서툴게 걸어가고 있는 한 영혼일 뿐이지요. 다만, 하나님이 내 걸음을 주목하고 계시고 하나님을 향한 진심으로 약속의 말씀을 주장하며 도전할 때 놀라울 정도의 섭리로 길을 열어 주심을 매 순간 체험하고 있기에 오늘도 기대하며 힘차게 걸어가고 있답니다.

제가 가진 것도, 제가 할 수 있는 것도 미약하나 자신이 선 길에서 방황하는 어린 영혼들 중 단 한 영혼이라도 이 고백을 통해 '하나님을 알 수 있다면' 그 이상의 영광은 제게 넘치는 것임을 잘 알고 있습니다.

그를 알아가는 길에 우리가 함께 서 있습니다. 그리고 그 길에 서서 외치고 싶습니다.

그를 알기 위해 몸부림치고 있는 우리는 신의 생명과 과감히 바뀌어진 가치 있는 존재라는 것을……

그것만으로도 당신은 충분히 사랑 받을 만한 존귀한 존재라는 것을……

단지 그분은 나와 함께 하시며 나와 늘 교제하고 싶어할 뿐이라는 것을……

이제 부족한 사람이 노래한 '완벽한 사랑' 이야기가 시작됩니다.

이 이야기를 완성할 수 있도록 기회를 주신 GLife 관계자분들과 사랑하는 부모님, 또 하나의 가족 마커스, 함께 세워져 감이 기쁨이 되는 너무 좋은 동역자들, 언제나 나의 선택을 응원해주는 소중한 친구들, 그리고 함께 사진 찍어준 주나리, 환초에게 고마운 마음을 전하며, 무엇보다 '나의 나됨'을 포기하지 않으시고 진짜 '사랑'이 무엇인지를 이 순간에도 가르쳐주고 계신 내 삶의 이유, '하나님 아버지'께 감사의 감사를 올려드립니다.

Story

01.

그를 만나러 길을 떠나다

이 길의 끝에 서 있는 건 무엇일까?
알 수 없는 두려움에 망설이기만 하던 첫 발을 조심스레 떼어놓습니다.
너무 서툴기에 때로는 넘어지고 길을 잃더라도 혼자가 아니라는 믿음으로.

사랑하는 1분을 더 이상 기다리게 할 수 없기에, 더 이상 혼자 둘 수 없기에.
이 길을 걸어가는 어느 순간에는 빛나는 그 이름과 반드시 재회할 것이라는 부푼 소망을 안고서.

모두가 할 수 있는

GO 보다

아무나 할 수 없기에 더 어려운

STOP

Knowing him

사소한 순종이 쌓여 **천국**에

이르는 다리를 놓는다.

그 작은 순종이

결국

천국으로 연결된 **통로**가 된다.

그래 맞아

게을러서 기도하지 않는 게 아니라
교만해서 기도하지 않는 거야.
아버지의 일하심보다
근심 속에서 더 먼저 불쑥 튀어나와
계산하고 움직이며
보다 안전한 길을 만들어내려는
재빠르고도 육중하게 자리한 나의 자아
십자가를 향해 전진하는
초고속 속도를 위해 가장 먼저 벗어버려야 할
나의 세상표 악세서리.

옳은 길 쉬운 길

내가 선택하고 싶은 길

내가 걸어야만 하는 길

ROAD

부르심을 받은 일에 합당하게 행하라

감정이 아닌 의지를 가지고

차고 넘치다 멈춰버린 생각을 넘어

지금 있는 곳에서의 한 걸음,

그 눈부시게 아름다운 작은 행함으로

knowing him

나는 지금
달려가고 있는가
끌려가고 있는가

나는 지금
전진하고 있는가
물러서고 있는가

나는 지금
동행하고 있는가
앞서가고 있는가

이 해답에 이르는
가장 빠른 질문은

"주님이 지금 나의 요란한 행진, 어디쯤에 서 계신가?"

확인해보는 것.

하루하루

생사를 건 영적 전쟁

이처럼 험난한 전쟁터에서

무방비 상태로 죽음을 환영하는

넋 나간 병사처럼

삶의 끝자락만 바라보며 간신히 살아갈 수 없기에.

약속의 땅을 향해 내딛는 나의 수고가 없으면

확고했던 그 약속마저 어느새

희미하게 만들어버릴지도 모른다.

하나님이 머무실 방이
내 안에 자리하고 있는가?
그 많고 많은 방 중에
어느 방을 내어드린 거지?

맞아
때로는
하나님도 외로우실 거야

knowing him

세상보다 조금 더 좋은 것을 주는 곳이

교회가 아닙니다.

세상이 줄 수 없는 것을 주는 곳이 바로

교회입니다.

기도의 응답은 어김없이 나를 향해 오고 있다.

그것은 언제나
조용한 씨앗의 모습으로

Knowing him

모든 상황가운데 주를 묵상할 수 있는 삶, 살아가게 하소서.

모든 환경 속에서 주를 친밀히 경험하는 삶, 허락하여 주소서.

모든 판단 속에서 주님 우선되는 삶, 포기하지 않게 하소서.

흥할 때 더욱
주를 바라라
번성한 기쁨 가운데
주가 함께 계신지
늘 깨어있으라

knowing him

소망을 둔 곳에 시선이 따른다.

시선을 둔 곳에 마음이 따른다.

마음을 둔 곳에 걸음이 따른다.

지금 나의 소망은 어디에 있을까?

끝에 그 것은 없는 생 명 이 가 짜 모 두

Daily life

너는 마음을 다하고
뜻을 다하고
힘을 다하여 여호와를
네 하나님
사랑하라 ♡

사람은
내가 가진 것을
가지지 못한 자들에게 내어주기 위해 산다.

나도 베드로처럼

눈앞에서 일렁이는 파도 너머의

예수님과 함께 하고 싶어

그저 물속으로 뛰어들고 싶다네

문제는 파도보다 거세게 출렁이는 이 믿음.

knowing him

내가 가면 성령이 멈추고 성령이 가면 내가 멈추던

숨바꼭질을 그만하고

이미 내 속에 거하고 있는 성령의 옷을 내가 입고서

둘이 함께 기쁘게

하늘 노래 부르며

행진하기를 소망하노라

영혼이 타들어가는 목마름.

세상 것으로
해서는 안되고 해소도 안 되는.

Knowing him

눈앞의 문제가 문제가 아니라
문제를 계속 **창조**하고
문제를 계속 **부흥**시키며
문제와 마주앉아 계속 **묵상**만 하고 있는
내가 바로 진짜 **문제**다.

무엇이라도

익숙해지면

그 익숙해진 것에서

돌이키기

싫어진다

knowing him

정말로 사랑하면 닮아가는 거라던데

사랑한다면서

닮아가지 않는다는 건 진짜 사랑일까?

청춘이여
다시 오지 않을 젊은 날이여
방황으로 오늘을 마무리하는
가식의 가면을 벗고
태초의 목적이 가리키는
가슴 뛰는 일을 하자

모두가 안전하기 위해
(예수님이 없는)
배를 붙들고 있을 때
나도 베드로처럼

(예수님이 있는)
바다로 걸어가고 싶습니다.

knowing him

마르지 않는 사랑은 메마른 곳 끝까지 촉촉이 전염되어 반드시 구석구석

힘차게 퍼져간다.

내가 하나님의 마음을 움직이면
하나님은 나를 위해
기꺼이 세상을 움직이신다.

knowing him

세상에 십자가를 못 박은 자여
이제는 네가
십자가에 세상을 못 박아라
그 사랑의 이름으로

당신은
십자가의
예수를
만난 적이 있나요
축복만 주는
예수를
만나기 원하나요

Kwang him

십자가는 저주이며
십자가는 소망이다.
삶의 자리에서 희생의 십자가를 지고
자신을 녹일 때 비로소 생명이 빛을 발한다

하나님은 나의 피난처이시지만 그 뒤에 숨어만 있는
사람이고 싶지 않습니다.
안일함으로 안주하지 않고 안위함을 믿으며 한걸음씩이라도
걸어가는 사람이 되고 싶습니다.

하나님을 믿는 사람은
비상식적인 사람이나
몰상식한 사람은 아니다
상식 안에 속하지 않은
하나님을 인정하는
상식 밖의 사람들일 뿐이다.

마른 하늘을 올려다보며 방주 짓는 손을

멈추지 않는 것이 진짜 믿음입니다.

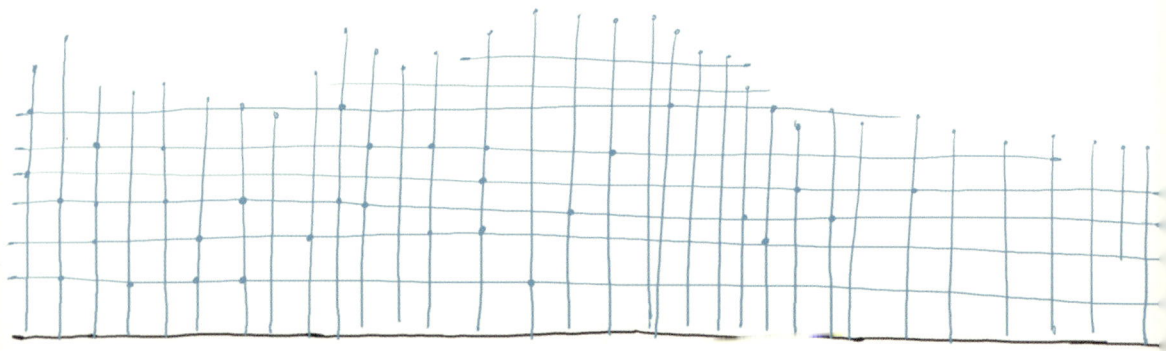

모든 우주의 법칙은
'믿음'의 법칙
주님께 의탁하면 채우시고
주님께 맡기면 책임지신다.
주님을 위해 살면 만족할 수 있도록
우리는 태초부터 그렇게 프로그래밍 되어있다.

don't ryme the day make the day out
— Muhammad Ali

정체성을흐리는환상깨기

knowing him

그를 찾는 이 곳에서 길을 잃다

어디에 있나요, 나를 찾으시는 이여.
앞이 보이지 않는 이 곳에서 나를 속이는 소리들에 걸음을 멈추고 말았네요.
이 어둠을 뚫고 이 소리를 물리치며 내가 전진할 수 있도록 당신의 손을 보여주세요.
이 걸음을 멈추지 않고 이 시간까지도 신뢰할 수 있도록 당신의 얼굴을 보여주세요.
나와 동일하게 눈물 흘리고 계실 나의 사랑하는 이름이여.

하나님

나 너무 아파요

지금 나를 치료하고 계세요?

내 상처 만지고 계세요?

그래서 이렇게 아픈 건가요?

"나쁜 것들이 깨지고 있으니까 아픈 거야

잘못된 것들이 떨어져나가고 있으니까 쓰린 거야

내가 처음 너를 만들었을 때 눈부시게 아름다웠던 모습을 난 기억한다.

내가 만든 나의 걸작품을 결코 포기할 수 없어

네가 잠깐 아픈 것이 싫어서 눈물 흘리고 떼를 써도

난 너를 다시 빛나게 할 거야.

꼭 그렇게 하고 말 거야.

내가 너를 많이 사랑하니까

나도 기꺼이 너와 함께 아파할 수 있는 거야.

이것만 기억해. 넌 결코 혼자가 아니라는 걸"

Kwang hian

나를 부인하는 훈련을 하라

끊임없이

끊임없이

나를 포장한 꺼풀이 한 겹 두 겹 벗겨지고 나면

그 속에서 잠자고 있던 소망 하나.

내가 지고 갈 십자가가 선명해진다.

사망이 나를 눌러도 하나님만 바라봤던 다윗,

자존심에 조금만 상처받아도 끙끙 앓는 우리.

knowing him

내 마음의 문등병

심장까지 씻어가는 고통을 느끼지 못하는

이 마음의 둔감

주님,
내가 지금 무엇을
두려워하고 있나이까
내가 지금 무엇 때문에
주저하고 있나이까
내가 지금 무엇을 보기에
망설이고 있나이까

오 주님,
나를 용서하시고
불쌍히 여기사
살아갈 목적
걸어갈 힘
내일을 향한 기대
다시 품고 싶습니다.

이 세상에서
가장 크고 아픈
싸움인,
내 안의 전쟁.

그 시간을
다스리고
정리하실
유일한 방법

주여
부디 나를
만져주소서
아픈 나를
싸매시고
달래시고
힘주시어

앞서가지도 않게 하시고
끌려가지도 않게 하사

다시 주와
동행하며
함께 주와
거닐게 하소서.

고요한 가운데서도 하나님은 일하신다.

고요한 중에도 하나님의 역사는

한시도 쉬지 않으며 거침없이 흘러가고 있다.

내가 이렇게 아픈 건 치유되고 있다는 증거.
상처를 그대로 두면 감각 없는 딱지가 되고
지워지지 않는 흉터가 되고 말겠지만,
당신이 내 상처를 만지고 있기 때문에
내 상처가 아물어가고 있다는 증거.
아프지만
아파서
어린아이처럼
그만하라고 뿌리치고 울부짖지만
이것마저도
나를 향한 당신의
부인할 수 없는 사랑의 표현.

저만치 앞서가서

"하나님 왜 빨리 안 오세요."라며

발을 동동 구르고 급하게 돌아볼 때,

하나님은 앞서 달려간 내가

혹여 걸려 넘어지진 않을까

염려로 멈춰서 기다리신다.

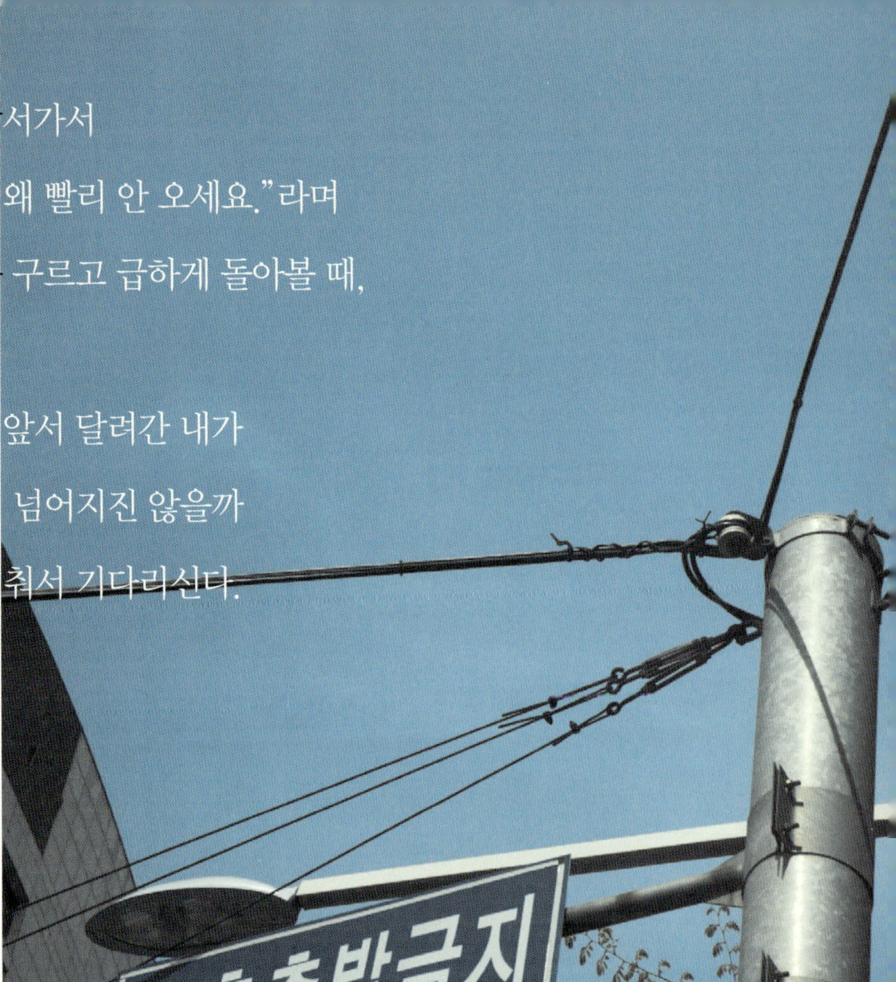

예측출발금지
신호준수

Knowing him

반드시 어느 순간에
가장 좋아하는 그것을 포기하게 하는 때가 있다
더 큰 것을 받아 들 수 있도록
나를 빈손이 되게 하시는 그때가 있다.
스스로 펴지 않을 땐 어느 정도 기다려주시지만
손가락 하나하나를 억지로 펴서
내 손에 쥔 것을 떨어뜨리게 하는 때도 있다.
그때 빼앗기는 기분으로 손을 움켜쥐지 말고,
작은 것을 품에 감추려 들며 그 자리에 만족하지 마라
그분의 크신 계획, 그 끝의 끝까지 신뢰함을 나타낼 기회가 온 것이다.

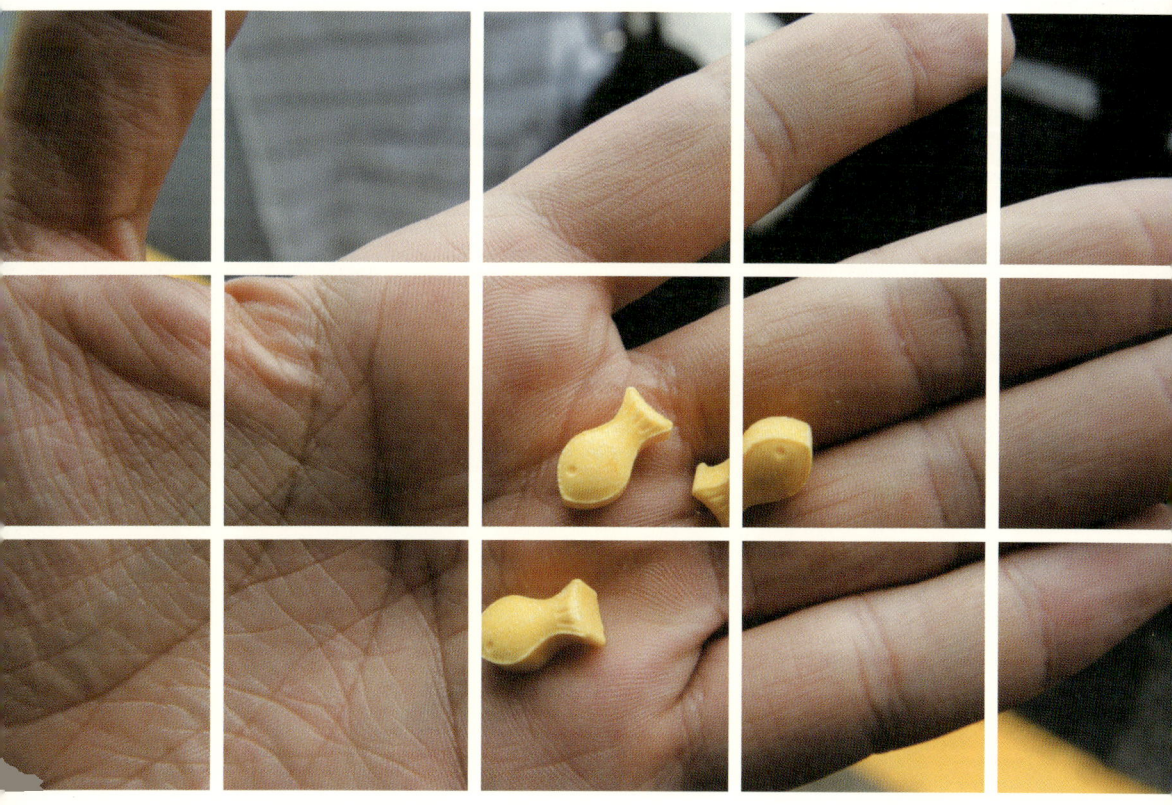

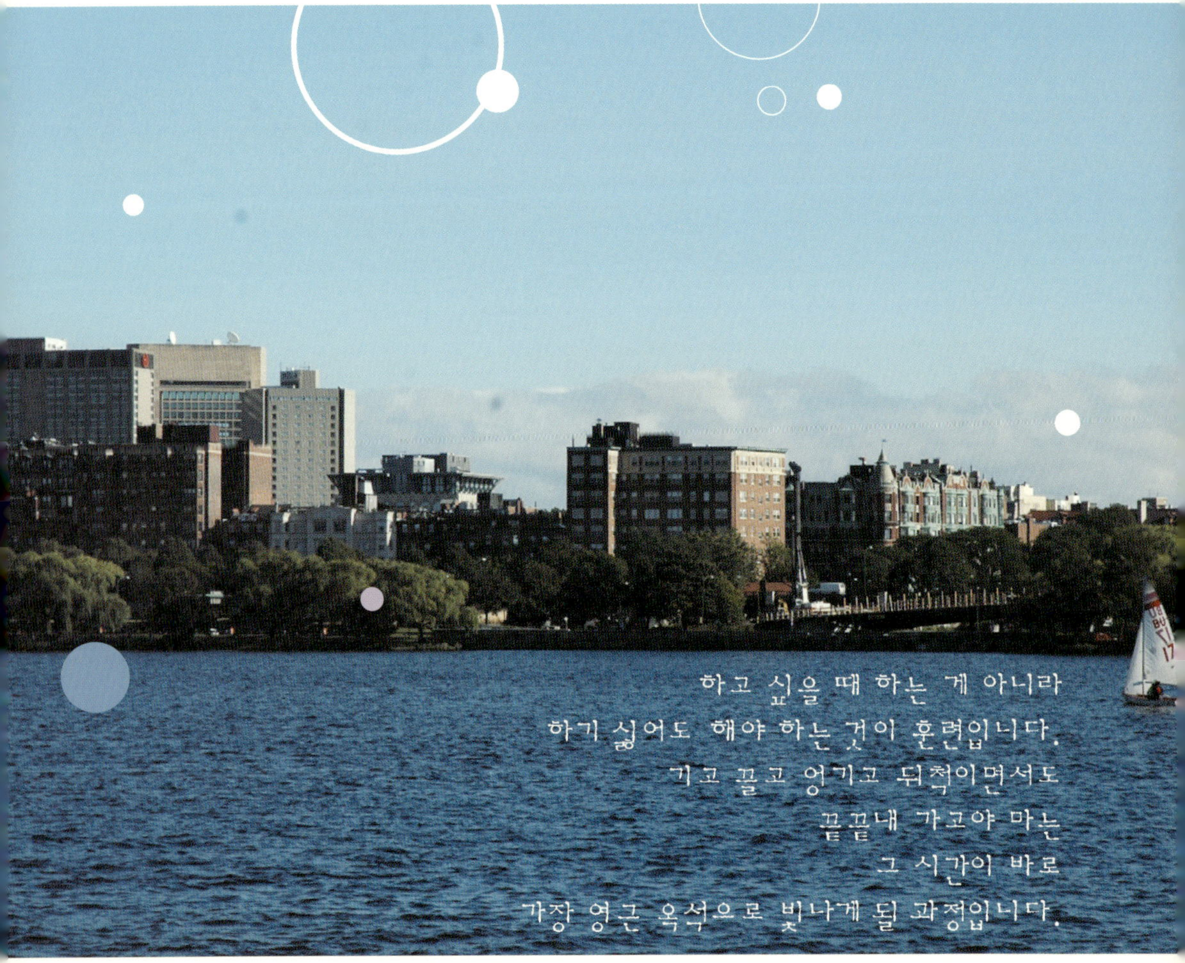

하고 싶을 때 하는 게 아니라
하기 싫어도 해야 하는 것이 훈련입니다.
기고 끌고 엉기고 뒤척이면서도
끝끝내 가고야 마는
그 시간이 바로
가장 영근 옥석으로 빛나게 될 과정입니다.

하늘의 심자가 아닌
체험의 심자를 지라

중요한 길이 아닌 유일한 길

심자가

천국으로 가는 오직 한 길

바로 심자가

knowing him

우리의 힘으로 무언가 할 수 있을 때 하나님은

우리를 부르지 않으십니다.

우리의 무기력함을 인정하고 두 손 들고 나아갈 때

하나님은 바로 그때 우리를 들어 쓰십니다.

절대로

절대로

절대로

포기만은 하지 말아라

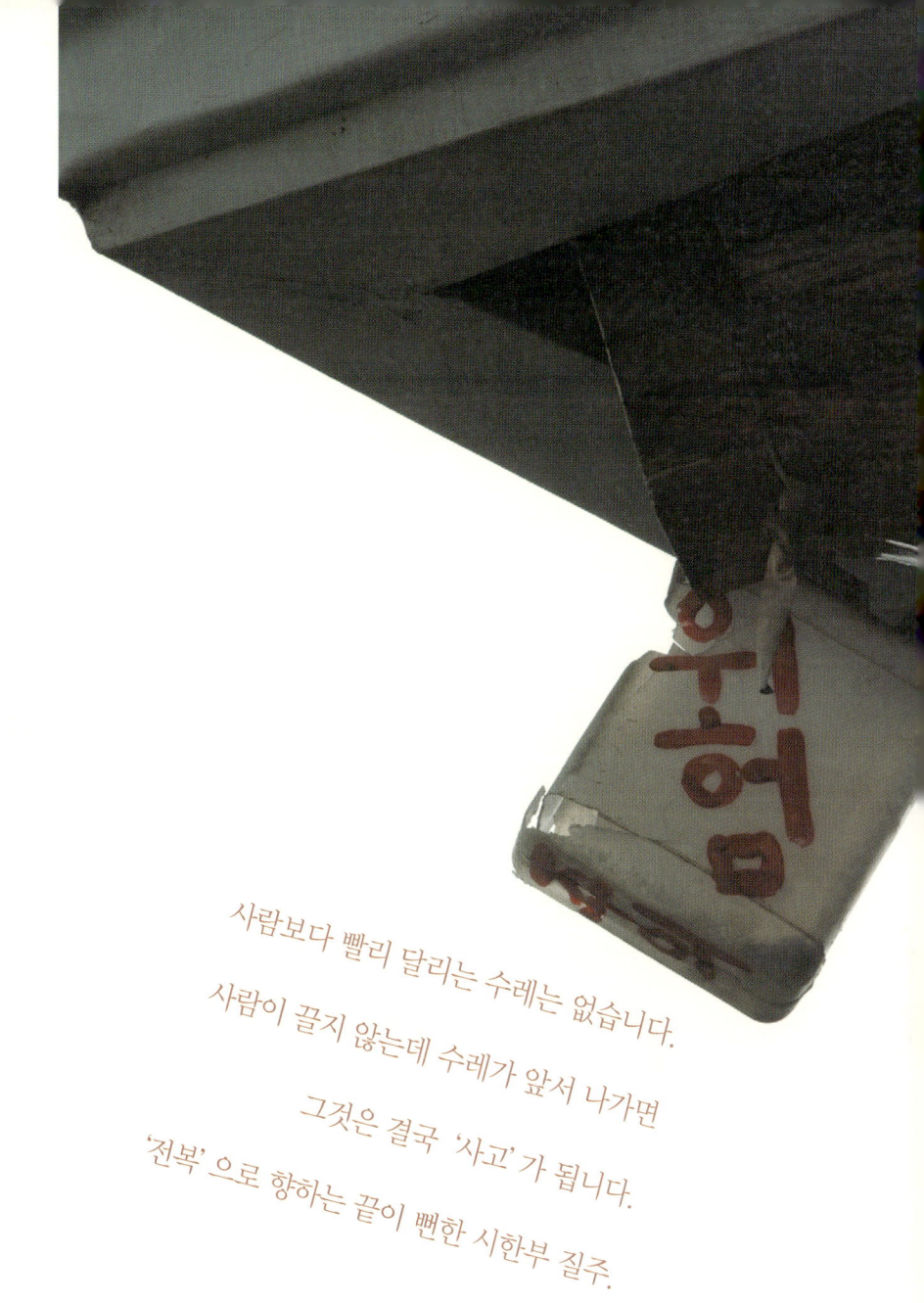

사람보다 빨리 달리는 수레는 없습니다.
사람이 끌지 않는데 수레가 앞서 나가면
그것은 결국 '사고' 가 됩니다.
'전복' 으로 향하는 끝이 뻔한 시한부 질주.

부활하신 예수님께서
제자들에게 제일 먼저
"너희가 평강하냐"고 물으신
그 "평강"을
매일 취하는 것이 쉽지 않다.

상황과 상관없이
마음의 평안을
지켜내는 의지
"평강"

주님 주시옵소서.

평강을
평강을 취하는 인내를.

의지를
용기를
사랑을

knowing him

기다림은 떨리는 기대이며

기다림은 초조한 떨림이다.

하나님의 때는 기다림으로 시작되어

기다림의 연속으로 이어지고

결국 기다림으로 열매 맺는다.

기대함과 초조함이란 양면의 동전이

지금 나의 손위에도 놓여 있다.

하늘 문을 열어 은혜와 능력 내리시고 땅의 길을 열어
그 힘 인해 가게 하소서.

십자가, 너와 날 구원하신

십자가, 보혈로 자유케 하신

십자가, 유일한 축복의 통로

십자가, 눈물로 새길 그 이름

우리 안에 분명한지, 십자가

선명하게 전하는지, 십자가

또 생각이 차오른디.
그에 대한 생각, 꿈에 대한 생각…
차오른 생각만큼 가득 찬 눈물을
힘차게 걷어내고 손을 뻗는다.
부서진 과거의 퍼즐들로 조각 맞춰야 할
날 기다리는 내일의 손짓을 좇아서…

또 마음이 내려앉는다.
세상의 조롱, 마음의 음성
끈질기게 내 발목을 잡고 늘어지는
쓴 뿌리를 끊어내고 무거운 발을 내딛는다.

의미 없이 흩어지는 소음가운데 분명히 전해야 할
한줄기 소리로 아름답게 사라지기 위하여

광야에서 광야로
나는 또 걸음을 옮긴다.

Kwang hn

문 입구에서부터 시작된 이 곳은 분명, 이전에 볼 수 없었던 그야말로 별천지이다.
문 입구에서부터 만나는 모든 사람들은 하나같이 행복한 미소를 머금으며 서로에게 한결같이 사랑을 담은 문안과 평안을 함께 나눈다.
땅과 하늘, 모든 것이 이전에는 본 적 없는 영롱한 빛으로 거룩하게 물들어있고 발길 닿는 모든 것에 존귀한 영향력이 아름답게 울려 퍼지고 있다.

물론, 이곳에도 사람마다 사는 모습은 조금씩 다른 것 같이 보인다.
문 입구에서부터 처음 만난 사람들은 엄청난 상급을 품에 안고 여유로운 모습으로 살아가고 있었으나 걸음을 계속할수록 더 많은 상급을 품에 안은 자들이 결코 교만하지 않은 모습으로 주어진 시간을 풍성하게 누리고 있었다. 무엇이 그들의 상급을 달리 하는지 잘 알 순 없으나 그들의 모습은 그저 한결같이, 평안, 평안, 평안 그 뿐이었다.

이렇게 아름다운 곳은, 그러나 선입견처럼 차별을 두지는 않는 것으로 보인다.
길에서 만난 한 소녀가 넌지시 전해주길, 과거에 부자이던 사람, 가난했던 사람, 인기가 많았던 사람, 외로웠던 사람, 눈물이 많았던 사람, 친구가 많았던 사람, 경력이 화려했던 사람 등, 그 누구라도 원한다면 이곳에서 살 수 있다고 한다.

그리고 가장 중요한 이야기는 '이것'이라며 덧붙이기를 이곳에서 머물 수 있는 자격은 생각보다 쉽고 또 생각만큼 쉽지 않은 단 한가지뿐이라고 했다.

그것은 바로 이 아름다운 곳이 시작되는 '문'을 반드시 통과해서 들어와야 한다는 것이다. 많은 사람들이 그 문을 향해 전진하고 있지만 점점 좁아지는 길에 순종하지 못하고, 쉽게 의심하거나 그 길 양 편에 서서 달콤하게 보내오는 유혹의 손길을 덥썩 잡는 바람에 중간에 도중하차하는 사람이 태반이라고 했다.

누구에게나 열려 있지만, 아무나 들어올 수 없는 그 문의 이름은 바로 '구원'이며, 그 곳의 이름들이 바로 '천국'이다.

이 시대가 앓고 있는 거대한 침체 바이러스,
온 인류의 비뚤어진 자기애
우·울·증

그건 나를 치명적인 절벽의 끝으로
떨어뜨리려는 사단의 감성적 전략
귀에 대고 속삭이는 사단의 말 한마디에
내 가슴이 철렁, 휘청인다.
사단의 전략은 바로 이것.

-매번 같은 작전, 자존감 무너뜨리기-

'거봐, 네가 그렇지 뭐, 넌 사랑 받을 자격이 없어, 아무도 네 편은 없어,
네가 그 모양이니까 주변 사람들마저도 너를 싫어하는 거야,
네가 이렇게 된 건 다 그 쓴뿌리 때문이라구. 자꾸 자꾸 생각해봐, 과거의 내 상처를 자꾸
자꾸 묵상해봐.'
손 하나 대지 않고 속삭이는 그 한마디에 지금 우리는
기다렸다는 듯 장단 맞춰 삶 전체를 흔들어 대고 있진 않은지.

-누구나 할 수 있는 우울증 퇴치 전략-

1. 끊임없이 전해오는 메아리같은 음성, 잔뜩 뿌연 마음의 안개부터 걷어내면
이 온 천지를 덮은 안개를 만들어낸 건 단지 작은 한 컵의 물뿐이었다는 걸…
그 작은 컵, 손에 든 나를 발견하게 된다.
마음의 정확한 소리와 내면의 자신을 피하지 말고 직면시키기.

2. 그리고 마음에 전해 오는 그 소리의 끝에
누가 서 있는지 먼저 분별하기.
이 음성을 하나님이 주실 리가 없지.
이 마음을 아버지가 심어줄리 없어.
입으로 시인하고 마음으로 직시하며 생각의 끝에 가족으로, 친구로, 자신으로
음흉하게 변장해 서 있는 사단을 구별해내기.

3. 그리고 십자가를 정결케 하기.
'십자가를 썩게 하는 누룩'
보이지도 않는 작은 누룩 하나가
내 마음에 들어와 거룩한 십자가를
썩어가게 하고 있다.
별것도 아닌 초라한 누룩 한 점이
내 눈을 멀게 하고 내 입을 굳게 하도록
스스로 물을 주고 키우지 말 것.
어디서부터 잘못된 것인지 모른다고 쉽게 말하지만 사실,
대부분의 경우, 본인은 그 시작을 알고 있다.

Knowing him

－ 나를 거절하고 무시하는 사람들의 시선
－ 좋아했던 사람으로부터의 배신
－ 내 마음대로 되지 않는 환경
－ 내 힘으로 어쩔 수 없는 외부로부터의 상처
이제 그 시작에서부터 불거진 누룩 한 점을 예수 보혈의 이름으로 제거하기.
"나를 위해 세상을 변화시키는 아버지 하나님이 지금 이 순간에도
나를 위하여 싸우고 계시니 너 따위 작은 음성 하나가 나를 어떻게 할 수 없다."

당장에 달라지지 않더라도
그렇게 시작된 결단
그렇게 선포된 의지
그렇게 움직인 행동

그 한 번의 시도가
이 끓는 듯 처절한
담금질 속에서 강철처럼 일어설
내 발의 첫 힘이 될테니까.

Knowing him

순종이다, 순종

아버지께서 그 옛날
노아에게 방주에 태울 동물 수를
수 차례 바꿔 말씀하신 이유도
아브라함이 손을 들어 이삭을 내리치기
직전까지 지켜보신 까닭도
광야생활의 유일한 무기였던 모세의
지팡이를 내려놓게 하신 것도 바로,
순종이다, 순종

아버지께서 오늘날
내 가는 길이 더디게 느껴지게 하는 것도
부족함 없이 사는 요즘 사람들이

더 많은 갈급함을 **호소**하는 이유도
꿈이 없다, 희망이 없다, 진리가 **무의미**하다
쉽게 뱉고 보는 시대에도
아버지께서 뚫어져라 보시는 것은

여.전.히
순종이다, 순종...
그 옛날부터 오늘 이 순간까지
아버지가 바라고 기대하시는 오직 하나가
바로

보이지 않는 어둠의 끝까지 신뢰하는 참 **믿음**,
낮은 곳의 바닥까지 기꺼이 내려가는 순종.

그리고
알면서도 참 안 된다며 오래도록 늘어뜨린 나의 뻔한 **변명**
이제 무의미한 줄타기는 그만 두기로 한다.

정확히 부서져야 사니까
끝까지 내려가야 일어서니까

아픈 만큼 단단해지니까

무엇보다 나는
당신을 **진실**로 믿으니까

제가 그랬습니다. 주님
당신은 버리지 않으시고
당신은 외면치 않으시며
당신이 질고를 지셨는데
버리고 버리고 또 버리고
외면해 온 이 지독한 고집으로
당신 가슴에 서슴지 않고 가한
서슬 시퍼런 못질,
바로 제가 그랬습니다.

제가 그랬습니다. 주님,
그런 세상, 인류를 용서하신 주님을
매 순간 닮고 싶다 입으로 뱉어놓고
한 영혼도 쉽게 용서치 못 하고 정죄하며
합당한 핑계로 나를 치장하기 바빴습니다.

제가 그랬습니다. 주님
주님 위해 내 삶을 드린다 쉽게 찬양하면서도
세상에선 아무런 영향력 없이
쉽게 디협히며 살이기고 있었습니다.

제가 그랬습니다. 주님
줄만 잘 서온 식은 가슴으로
당신의 눈을 피하고 귀를 막으며
온통 내가 원하는 곳을 향해
중심을 틀었었습니다.

제가 그랬습니다. 주님
제가 그랬다고요, 주님

이런 나를,
못난 나를,
못된 나를,
세상에 사랑할 사람이
나 하나밖에 없는 것처럼
여전히 사랑하시는 아버지....

가슴이 터질 듯한 죄스러움에
찬물에 머리를 담그고
한참을 울었습니다.

이젠 안 그럴게요.
이젠 정말 안 그럴게요.

당신 마음 시원케 한자가
당신 마음에 큰 자랑인자가
당신 얼굴에 미소를 전할 자가
바로 내가 될 수 있게
눈과 마음을 똑바로 맞추고
당신의 좋은 친구가 되고 싶습니다.

Knowing him

고난을 통한 회복
지독히도 오래된 환부가 드러나는 처절한 대수술
그 참혹한 현장

다시 소망이 없는 듯
어둠만이 가득한 이 시간 속에
내가 홀로 누워있다.

고통을 만끽하며 누워있는 것은 '나'이지만
눈물을 흘리며 환부를 드러내는
손이 사랑의 고통으로 떨리고 있다.

이래야 산다.
이렇게 해야만 살 수 있다.

살다가 반드시 한번은 맞닥뜨려야 하는
그 시간 그 장소 그 고통

그때에도 나는 어둠 가운데 잠시 가만히 누워있지만

나를 살리려는 사랑의 손은
한 순간도 멈추지 않고 있다.
나를 살리시려 우주를 지은 그 손이 지금 울며 분주히 움직이고 있다.

과거의 걸림돌에 걸려
바라봤던 곳을 계속 묵상하며
발목 잡힌 채 자꾸 뒤로 끌려가는 삶

하나님이 놓아주신
디딤돌을 하나하나 차례로 밟으며
앞으로 나아가는 삶

걸림돌과 디딤돌
광야에 선 사람들
매 순간 선택의 연속
하늘의 계획에 따라
그들이 누린 축복.

끝도 없이 반복되는
내 안의 사울과 다윗의 싸움

그 음성이 다시 나를 찾다

요동치는 나를 붙드는 그 사랑의 음성, 처음부터 나를 부르고 계셨군요.
끊임없이 쉬지 않고 내 이름을 외치고 계셨군요.
당신의 사랑이 드디어 나를 찾아내주었어요.
다시 뛰기 시작하는 내 마음의 정직함으로
나 지금 당신을 향해 달려갑니다. 기쁜 숨을 몰아치며 힘차게.

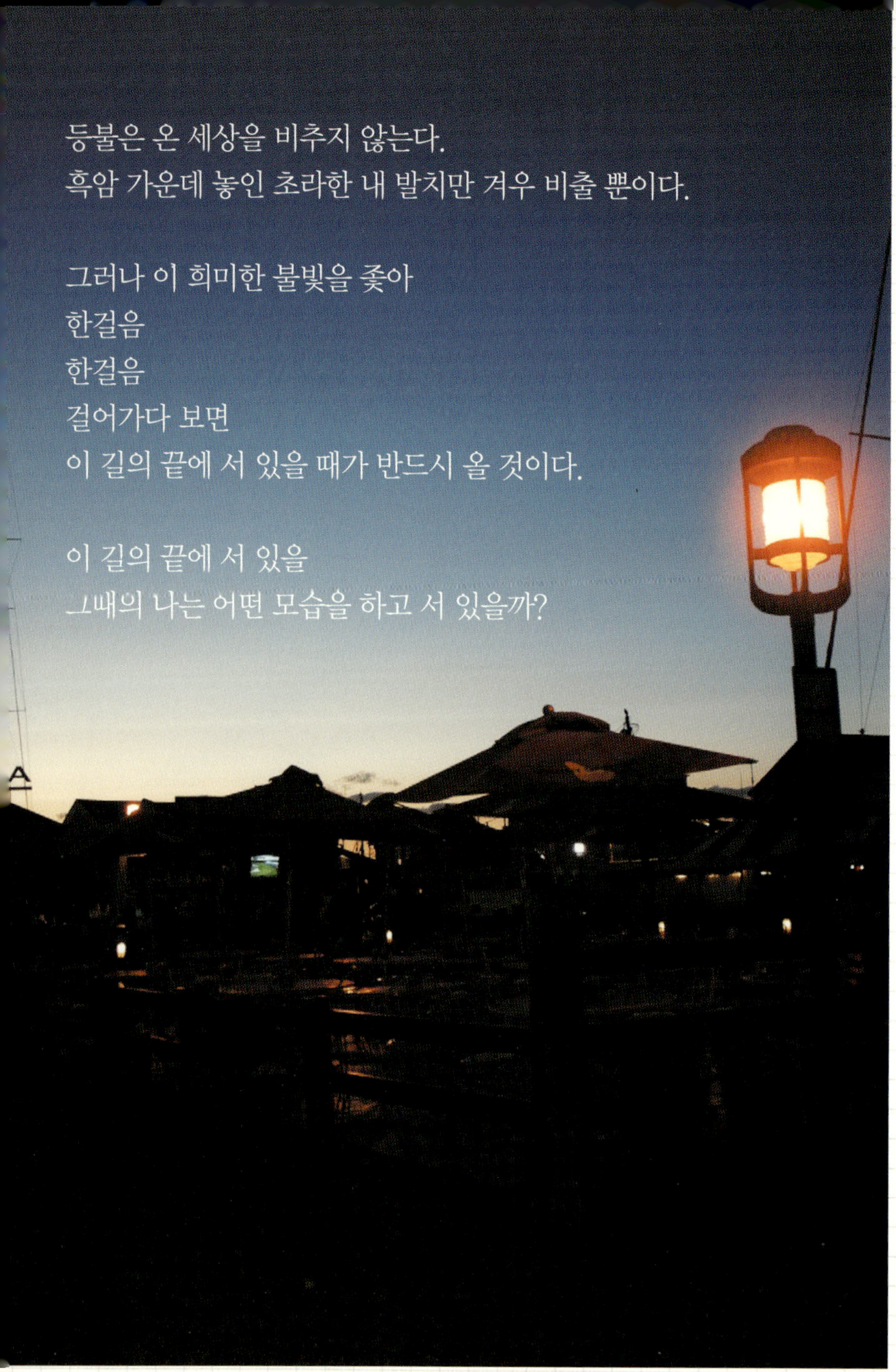

등불은 온 세상을 비추지 않는다.
흑암 가운데 놓인 초라한 내 발치만 겨우 비출 뿐이다.

그러나 이 희미한 불빛을 좇아
한걸음
한걸음
걸어가다 보면
이 길의 끝에 서 있을 때가 반드시 올 것이다.

이 길의 끝에 서 있을
그때의 나는 어떤 모습을 하고 서 있을까?

knowing him

우리는 항상 적과 맞과 더불어 사는 거라 하더군.
그것이 없는 세상은 없다고 하더군.

그래서 더욱 잔가지 나무 뿔리는 소리에도
놀라 나자빠질 것이 아니라
적군 속으로 달려드는 용기가 있어야 한다더군.
그것이 바로 아버지께로부터 나오는 은혜.

눈앞의 달을 훌쩍 뛰어넘을 줄 북은
우리의 한발이 땅을걸음 시작할 때
하나님도 반드시 함께 달려신다는 것을
믿는 것으로부터 시작한다네

만약에 여호와께서 우리 편에 계시지 아니하셨더라면...

그런 생각만 잠깐 해보더라도 정말이지

어휴....

사람에게 이기려 하지 말고
감정으로 이기려 하지 말고

하나님의 마음을 품고
상황에서 승리하길.

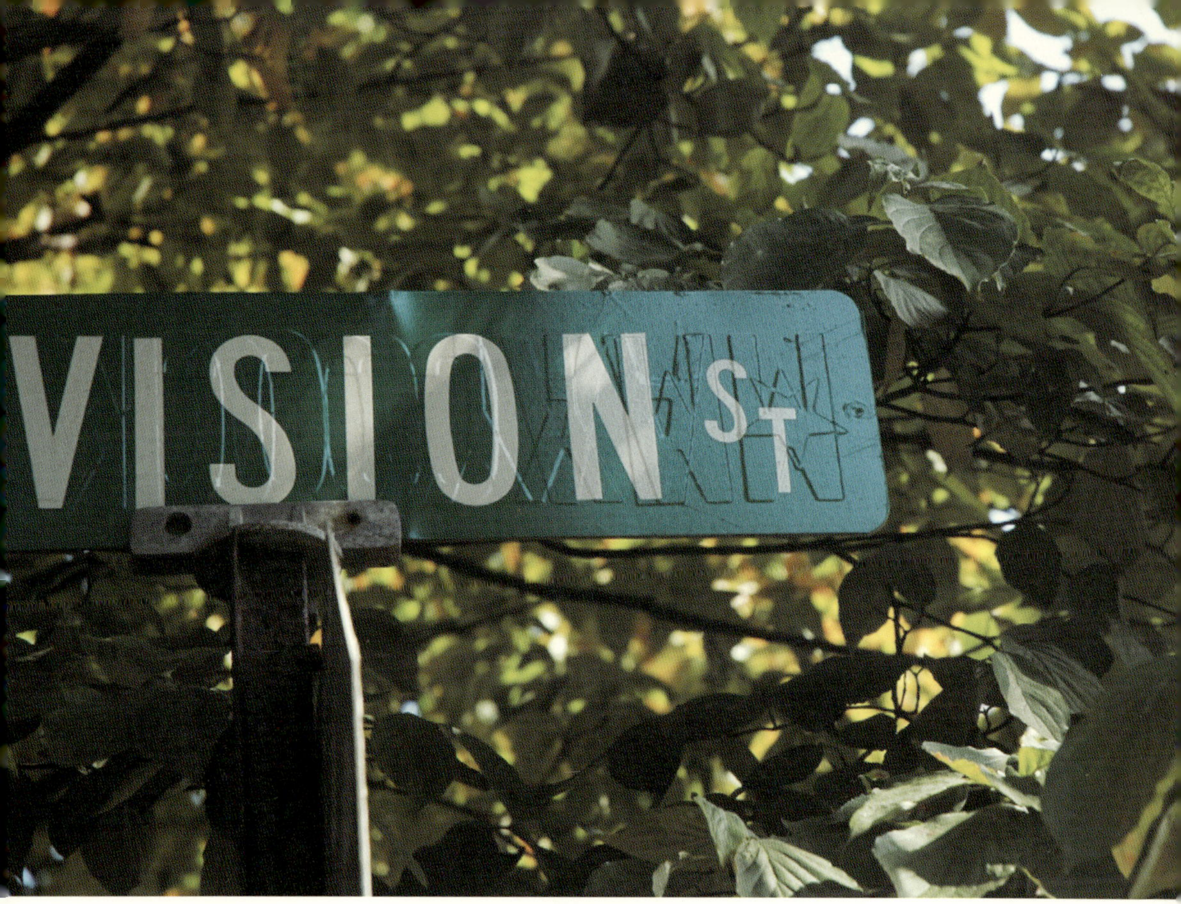

VISION ST

나의 소원은
당신께서
내 삶을 인도해 가신다는 걸
인정하며 살아가는 것.

나의 기대는
당신께서
내 삶을 기뻐하신다는 걸
확신하며 살아가는 것.

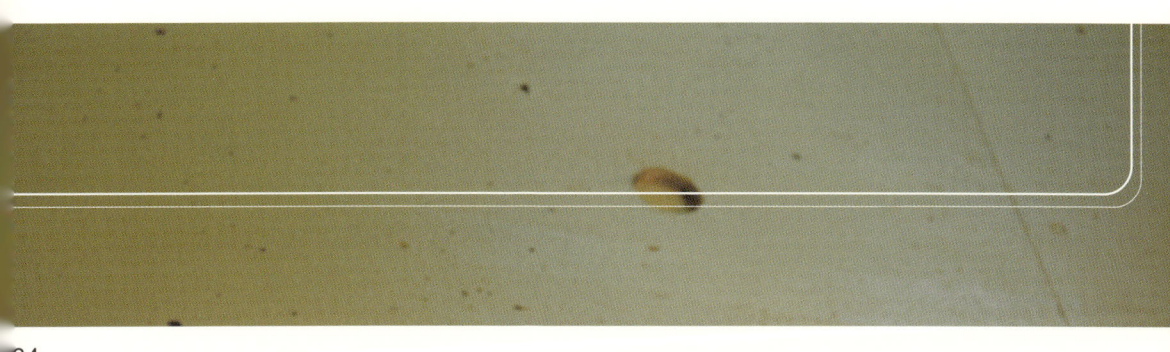

우리 안에 그가 하신다는

확신이 없을 때

우리를 향한 그의 회복 역시 기대할 수 없다.

하나님은 비어 있는 것을 사용하신다.
비어 있는 것에만 은혜를 채워 사용하신다.

우리 속을 비워내고
우리 손에 쥔 것을 내려놓을 때

그때.

비로소 하나님이 빈 곳을 채워 일하신다.

케노시스 – 비우다.

하 님 나 의

즐 겨 찾 기

우리의 감정이 중시되는 시대,
하나님의 역사는 내 감정과 상관없이 흘러간다.

철저하게 쩌라!
철저하게 무너쩌라!

철저하게 하나님의 역사 속으로
일생을 던져 적극적으로 투신하라!

knowing him

하나님이

액션하실 때,

힘을 다해 리액션 하라.

할 수 있지만 하지 않는

할 수 없지만 해나가는

나의 진정한 신분을 나타내는

주님등록번호

신실하고 성실하신 이름
처음부터 나중까지 변치 않으실
유일한 한 분
폭풍 가운데에서도
잠잠한 가운데에서도
그 분은 일하신다.
쉬지 않으시는 그 분을
전적으로 신뢰하지 못하며
주춤거리는 걸음이여
두려운 상상이여
미련한 저울질이여
그래도
괜찮다.
괜찮다.
그 정직한 가슴을 안고
그대로 흘러가라 걸어가라
한 걸음 한 걸음
예비해 놓으신 모든 시간의 선물을 누려라
그 분은 작은 내 가슴 안에서
그렇게 지금도 일하신다.

Knowing him

나는 어디로 가려 하는가?

나는 무엇을 잡으려 하는가?

나는 무엇을 놓지 못하는가?

나는

나는

나는

의
지
로

기
꺼
이

knowing him

힘들고 어려운 중에도

하나님께 시선을 고정하는 것이

진짜 '영성' 이다.

굴러가는 돌이 되자.

우두커니 서 있지 말고

굴러가는 돌이라도 되자.

운전대는 하나님의 손에 맡기고.

자유롭고 기쁘게 굴러가는

돌이 되자.

Kwang hee

내 걸음이 당신을 앞질러
감히 끌고 가려 했었군요.
꼭 그랬으면 좋겠습니다.
이제 천국 문에 입장하는 그날까지
때 묻은 내 걸음이 조금씩 정결해져
당신과 나란할 수 있다면
참 좋겠습니다.

나는 너를 사랑한다.
하나님이 나를 먼저 사랑하셨으니까
나는 너를 용서한다.
하나님도 나를 먼저 용서하셨으니까
나는 너를 인내한다.
나는 우리를 인내한다.
하나님도 지금 우리를 인내하고 계시니까
나는 당신을 보는 것이 참 좋다.
당신도 하나님을 닮아 만들어진 눈부신 작품이니까

하나님의 사랑을 온전히 받아들여 새 힘을 얻고
그 사랑을 아낌없이 전할 수 있는 사람,

갈급한 심령으로 고갈되는 것이 아니라
샘솟듯 부족함 없이 채우심을 경험하는 삶,

건강한 그릇을 먼저 만드시고
내용을 채우시는 그 분의 일하심을
전적으로 신뢰하는 믿음의 순례자.

내가 되고 내 삶이 되기를.

마음의 기쁨
영의 즐거움
육체의 안전함이
따로 있지 않다.

오직 주 안에서
그와 함께 함으로
이룰 수 있기에
그것은 모두 절대적 감사

당신께서 반드시 나를 가장 좋은 길로
인도하실 것을 내가 믿나이다.

당신께서 이루어 가실 그 크고 신비한 일 가운데
나의 조급한 감정이 개입되지 않게 하시고
나의 빈곤한 지식이 동참하지 않게 하소서.

내가 표현할 수 없는 크고 깊은 곳.
그래서 내 눈에는 어둠이기도 한 그 공간, 그 시간.
당신은 내가 짐작할 수 없는 그 어둠 가운데에서도
반드시 일하고 계심을 내가 확신합니다.

모든 것을 뜻대로 할 수 있지만
진정 사랑하기에
사랑을 강요치 않으시는 당신의 인내.

이제 내가 당신을 위해 기꺼이 울게 하소서.
당신만 보며 마땅히 울게 하소서.
내 사랑, 나의 전부

큰 해류를 보며 길을 걸어가는 사람은

발목에 달려드는 잦은 파도에 요동치 않습니다.

현실을 과장하지 말자

예수님이 타신 배는 결코

침몰하지 않는다.

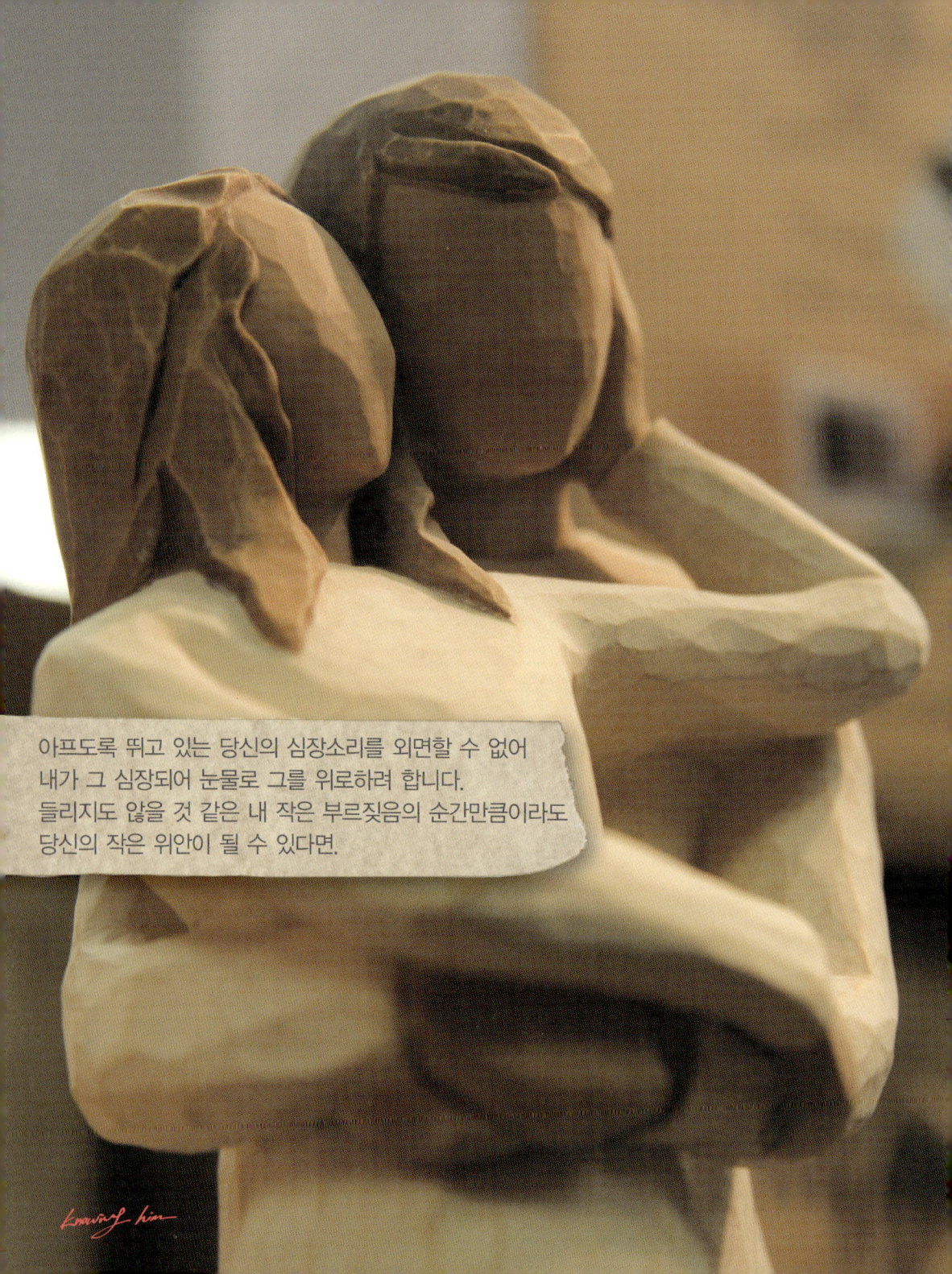

아프도록 뛰고 있는 당신의 심장소리를 외면할 수 없어
내가 그 심장되어 눈물로 그를 위로하려 합니다.
들리지도 않을 것 같은 내 작은 부르짖음의 순간만큼이라도
당신의 작은 위안이 될 수 있다면.

주님의 침묵
그 깊은 고요함까지도
신뢰하며
기다릴 줄 아는 사람
그 사람,
그 사람...

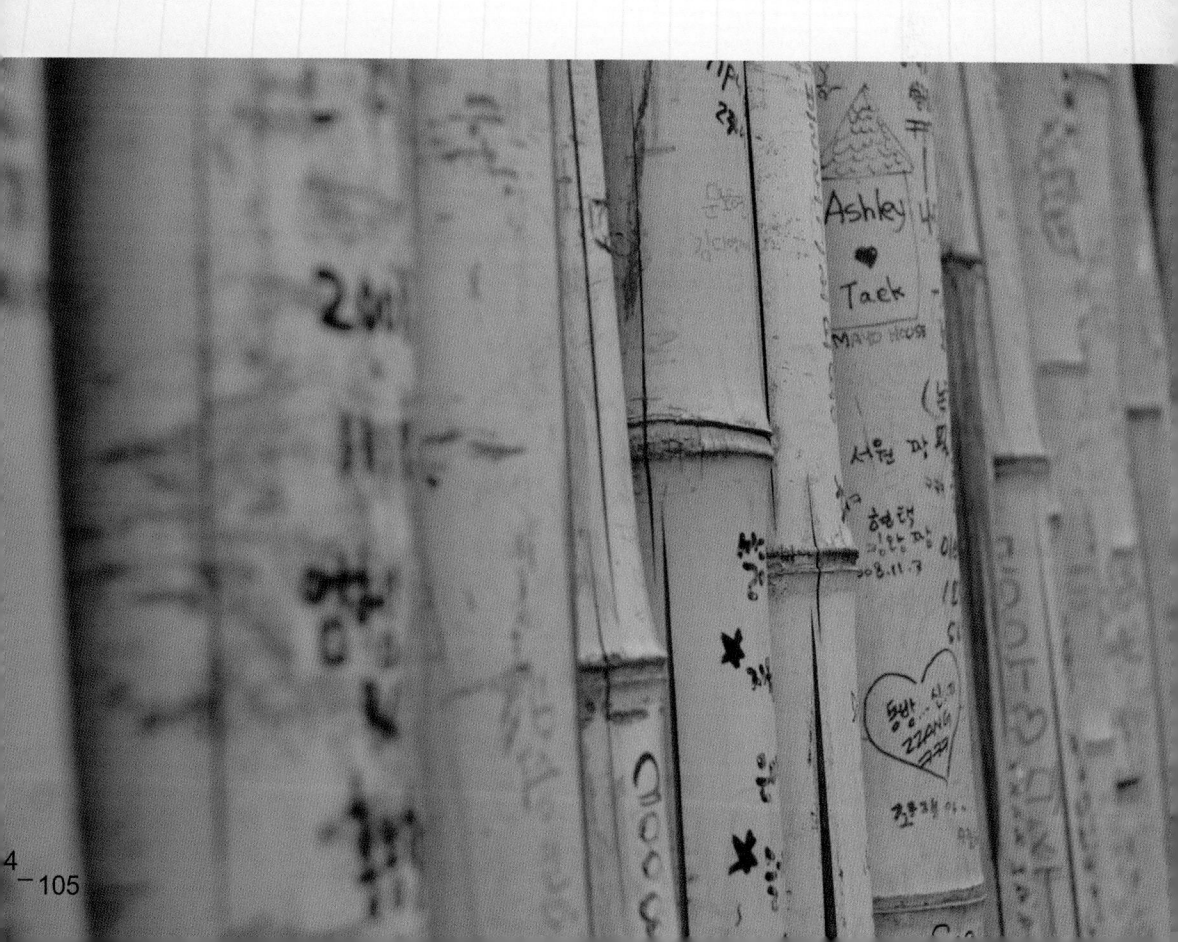

불편한 가운데 축복의 씨앗이 숨어있다.

높은 담장이 나를 가로막아
한걸음도 옮길 수 없을 때,
딱 보아도 어림없는
저 높은 벽을 향해 힘껏
공을 던지며 크게
홈런을 외친다.

사람이 역행하는
그 순간에도
하나님은 역전하시는
분이심을 믿으니까

내가 가장 잘 할 수 있는 것
아버지를 찬양하는 일

내가 가장 자신 있는 일
아버지를 사랑하는 일

내가 가장 행복할 때는
아버지를 만나는 시간

나의 가장 평안함은
아버지의 부드러운 음성

내가 가장 쉽게 할 수 있는 일은
바로 아버지의 품에 안기는 일

그리고
내가 가장 미안한 순간은
아버지를 오래 기다리게 하는 지금 이 순간.

또
내게 가장 위로가 되는 건
그래도 괜찮다고 내민 손 거두지 않으시는
눈물겨운 당신의 그 사랑.

knowing him

하나님 앞에서
절대로 하지 말아야 할
많은 것들 중
나를 무안하게
만드는 속담이

"눈 가리고 아웅"

괜찮아
눈물 흘려도 괜찮아
주저앉아도 괜찮아
잠깐 아파도 괜찮아

괜찮아
사람이니까 괜찮아
실컷 울고 쉬었다 가도 정말 괜찮아

그리고 나서
다시 일어나
그리고 나서
다시 시작해
그리고 나서
다시 달려가

그렇게
천국으로 연결된 다음 계단을 향해
힘껏 뛰어올라
그러면 되는 거야.

knowing him

[주의 말씀은 내 발의 등이요, 내 길의 빛이니이다]

내가 가야 할 이 길의 끝.
그 높고 험한 정상 끝이 훤히 보인다면
나 그만 지레 거먹고 한걸음도
옮길 생각 못하겠지요.

다만
한걸음 한걸음
발 앞을 비추는 등불을 좇아
이 길음을 끝끝내 걸어내다면
그 끝이 바로 내가 서야 할
종착역이지 않을까요

터벅터벅 걷다 보면
오르막길을 지나
터널을 지나
숨이 턱 끝까지 차올라
이 길이 맞나 하는 생각이 치고 들어와요.
순간 정신이 모호해지며
걸어온 모든 시간
걸어갈 모든 길이 불투명할 때가 있거든요.

그럴 때 난, 불안함을 떨쳐내려 애쓰며 이렇게 기도해요.

"끝이 보이지 않아도 괜찮아요. 하나님이 나와 함께 하심을 믿으니까요.
지금 내가 서 있는 이 길이 틀리지 않다면
그저 마음이 평안할 수 있게 해주세요.
그럼 이 길이 맞다 생각하고 다시 힘을 내 걸어갈 수 있으니까요."

이제껏

하나님 이 환란에서 빠져나올 수 있게 해주세요.

하나님 이 시험을 잘 볼 수 있게 해주세요.

하나님 이것이 너무 갖고 싶어요. 갖게 해주세요.

하나님 이렇게 저렇게 요렇게 되게 해주세요.

하면, Yes, No, Wait 이라 써 있는 3단 응답봉으로

휘리릭~ 응답해주신다고 생각했는데

물론 그럴 때도 있겠지만

지금은 하나님이 나로 하여금 그 응답을 선택하게 하십니다.

기도한 후에 상황을 열어주시고,

내가 선택한 결정이 하나님의 응답을 불러오는

중요한 열쇠가 된다는 것을 알게 하십니다.
----

knowing him

천국 외교관 신분으로 이 땅을 살아가는 사람들

그러나
어느새
여기저기
모호해진 국적
타협해버린 정체성
신분도 사명도 변명도 뒤죽박죽 섞인 세상

마침내 고국으로 돌아가 보고를 하는 날,
부끄럽지 않도록
나도 '다 이루었다'
감히 말할 수 있도록
바로 지금 이 순간, 이 상황에서부터 임무완료 작업 시작.

Mission Success !

눈이 부셔 감히 엄두도 못 내는 곳에서 내 삶이 완성되지 않는다.

내가 가장 잘할 수 있는 것
내가 가장 자신 있게 낼 수 있는 목소리
내가 가장 재미있게 할 수 있는 일
내가 가장 관심 가지는 분야
그게 바로 내 삶의 바다요, 내가 탈 배요, 힘껏 저어갈 노다.

가장 중요한 것은
네가 바라보아야 할 푯대
주어진 항로를 따라
내가 이르러야 할 목적
그곳에 나의 십자가가 있다.

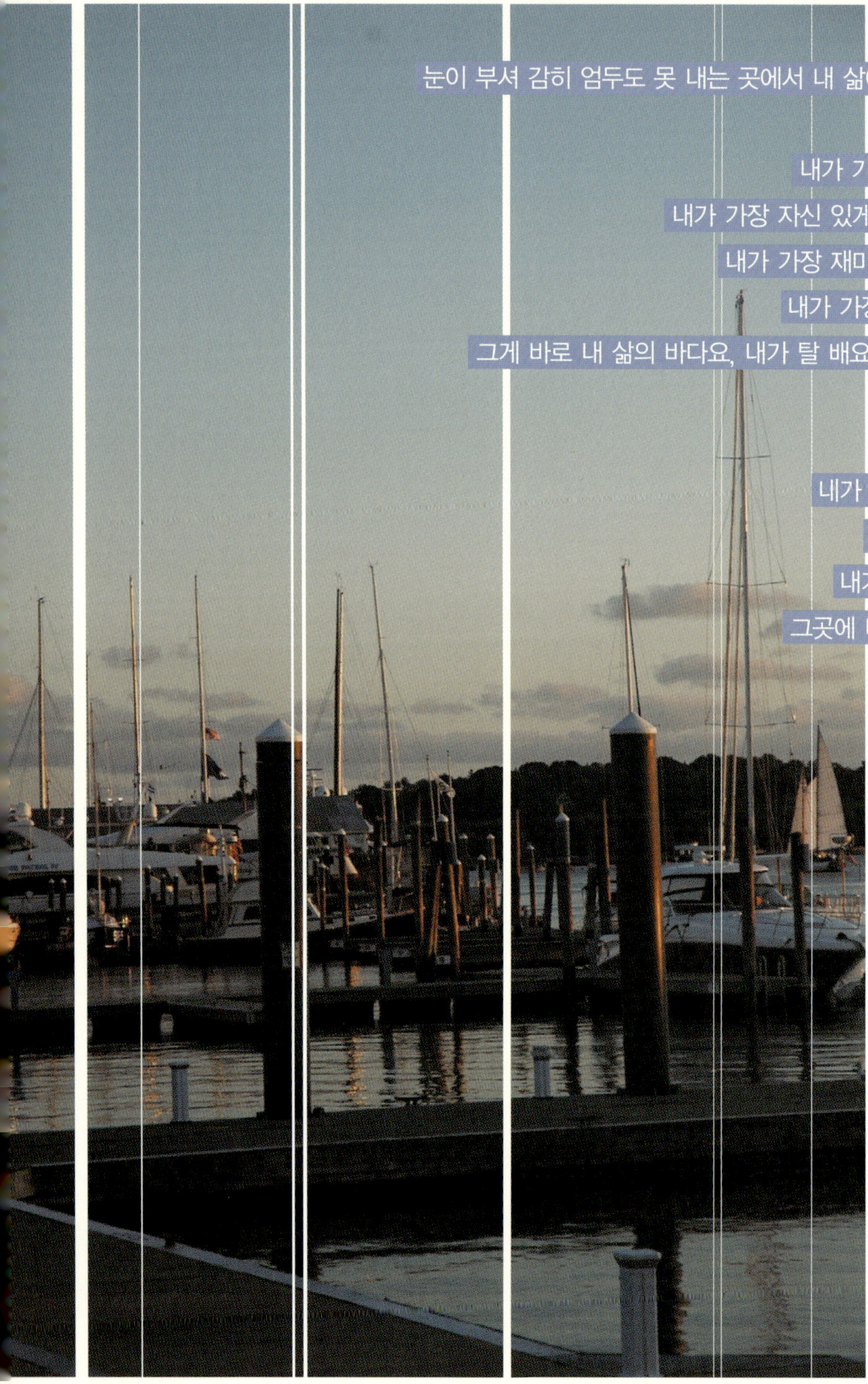

knowing him

광야를 사랑하게 된 탕자

내 목을 주리게 하고 내 발을 더디게 하며
내 영을 옥죄는 듯 괴로웠던 광야에서의 어느 날,
고통에 신음하던 탕자는 자기 안의 다윗과 사울을 만날 수 있었습니다.

오래 전, 다윗은 광야에서 자기 안의 사울을 제거할 수 있었지만
광야에서 사울은 자기 안의 다윗을 나타낼 수 없었습니다.

하나님께 집중했던 다윗과
사람에게 집중했던 사울은
결국 스스로 선택한
다른 삶을 살아가게 됩니다.

탕자도 지금 광야에서 치열한 싸움을 벌입니다.
서 있는 곳에서
누구를 제거하고
누구를 나타낼지 알기에
탕자는 이제 이 광야마저 사랑하며
그리운 집으로 걸음을 옮깁니다.

나는 독수리입니다.
정확히 말하면 독수리새끼입니다.
나면서부터 절벽에서 나를 떨어뜨리는 혹독한 어미의 훈련으로
이제 막 날갯짓을 시작하는 독수리새끼입니다.

나는 독수리새끼입니다.
절벽으로 곤두박질치는 어미의 가혹한 훈련에 본능적으로 날개를 퍼
덕이며 반응할 때,
비로소 독수리다운 면모를 드러내기 시작한, 그러나 아직은 겁 많은
독수리새끼입니다.

나는 독수리새끼입니다.
지금은 어른이 되기 위해 큰 광야에 나와 살고 있지만 곧 원래의 나
의 집으로 돌아가게 될 독수리새끼입니다.

문득, 나의 정체성이 독수리이기에
나는 원래의 독수리 가족의 집으로 돌아갈 수 있겠지만, 지친 나는,
그 문을 들어서는 나의 모습이 어떨까 상상해 봅니다.

'지금처럼 창공을 날아오르는 것이 힘들고 무섭고 어려울 것이라는
자기 판단과 어미 새에 대한 불신으로 지레 날개를 접고
절벽으로 곤두박질치길 계속 한다면, 결국 나는 자유의지 안에서 죽
어가고 말겠지.
아니면, 사용하지 않은 날개가 점점 쪼그라들어 몸에 달라붙은 정도
로 퇴화된 모습의 초라한 개가 되어 집에 들어설 수도 있겠구나.'

이렇게 생각하니 선한 오기가 발동되었습니다.
세상의 어떤 새들도 감히 따라올 수 없는 높은 창공으로 힘차게 날
아오르는 어른 독수리의 날개가 얼마나 크고 자유롭고 아름답게 느껴
지던지

Knowing him

나는 눈앞의 두려움에 그 모습을 그만 잊고 있었습니다.

잠시, 저 높은 창공이 아닌, 땅의 것에 집중하고
정체성을 혼돈하고 있던 나는 비로소
나의 자유의지 안에서 두 날개에 힘을 주기 시작합니다.
세상에 반응하면 집어삼켜지지만
하늘에 반응하면 날아오를 수 있습니다.

(크고 아름답게 성장한 날개를 자랑스럽게 휘날리며 천국으로 들어갈 우
리의 모습을 기대합시다.
매일 내가 죽노라고 고백했던 바울의 고백처럼 죽지 않으려고 버티는
육의 연매와의 매일 전쟁이 계속되겠지만, 함께 승리합시다.)

어디로 가야할지 모르겠다고?
더 이상 버텨나갈 힘이 없다고?
이제는 전부 그만두고 싶다고?
외롭고 힘들어 주저앉고 싶다고?

그래, 지금이 바로

당신의 용기를 보여줄 바로 그때
당신의 믿음을 나타낼 바로 그때
당신의 가치가 자라날 바로 그때

쉽게 오지 않는 기회가 지금 당신의 눈 앞에 펼쳐져 있어.

나의 로뎀나무에는
내가 쉴 그늘과
내가 취할 열매와
내 가슴을 시원케 해 줄
바람이 있습니다.

나의 로뎀나무에는
오직 나만이 기대 쉴 수 있습니다.

나를 분주케 하는
걱정, 근심, 염려, 두려움, 미움, 질투, 분노
그것을 품에 넣은 채
결코 나의 로뎀나무를
껴안을 수 없습니다.

하나님은
그곳에서 내가
쥔 것을 내려놓고
기대어 눕고 먹으며
그저 쉼을 얻으라
위로하십니다.

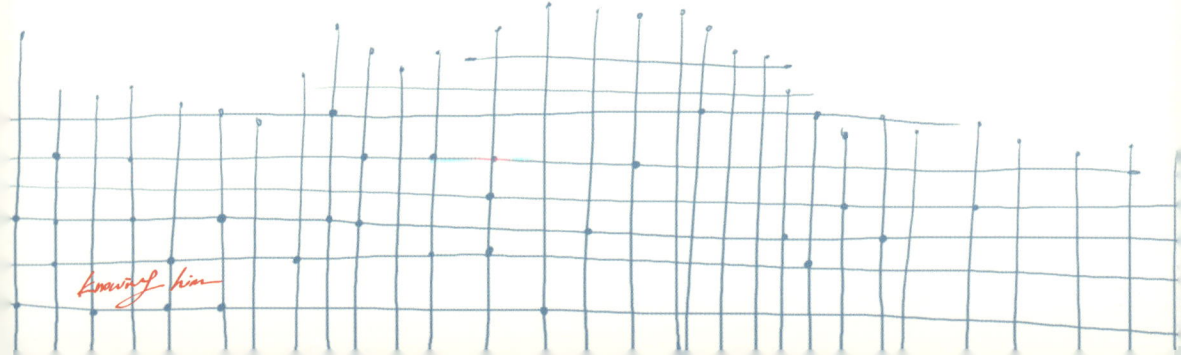

한 사람의 영향력이 분위기를 주도한다.
한 사람의 영향력이 세상을 바꾼다.
한 사람의 영향력이 생명을 살린다.
한 사람의 영향력이 하늘별자를 움직인다.
그 한 사람의 영향력이 온 인류를 구원해냈듯이

내 안의 고집,
상처, 정죄, 질투, 미움, 욕심, 교만...
정기적으로 발병하는
유행성 악성 바이러스를 치료하러
강력한 최신백신프로그램
성령 알약이 대거 침투됨.
.... 그리고 치료가 완료되었습니다.

하나님의 마음을 향해 큰소리로 선포하면

세상이 온 몸을 떨며 머리 숙여 반응한다.

몸부림에는 두 가지 종류가 있다.

벗어나기 위한 몸부림과
파고들기 위한 몸부림
세상의 손에 잡히지 않으려는 몸부림과
아버지의 품, 깊은 곳으로 달려가려는 몸부림.

이 두 가지 몸부림이
내 몸을 쉬 두지 않아
나의 삶은
언제나 치열하다.

위대한 하프타임 이야기

삶의 여정을 살아가는 동안, 잠시 숨을 고르는 쉼표, 하프타임....
앞만 보고 살아가다 보면 어디로 가고 있는지, 무엇을 위해 살아가고 있는지 잊어버릴 때가
많습니다. '성공'을 찾기 위한 하프타임이 아닌, '의미'를 찾기 위한 하프타임, 성경의 영웅
들도 하프타임을 통과했습니다. 이제 우리 삶의 '의미'를 찾기 위한 값진 시간의 여행이 시
작됩니다.

'모세의 하프타임 이야기'

'열 하루면 갈 수 있는 곳을 돌아 돌아 벌써 몇 십 년째인데 이 쓸모 없는 지팡이까지 내려
놓으라고요? 이건, 이 험난한 광야에서 나를 지켜주는 유일한 무기입니다. 이곳에 전갈이
며, 뱀이며 내 생명을 해할 수 있는 것들이 얼마나 많은지 여호와께서도 아시지 않습니까?
그런데 하나님께는 구지 필요도 없을 이것까지 내려놓으라고요?'

그러나 나는 결국 그렇게 밖에 할 수 없었습니다. 여호와의 마음을 다 알지 못했던 내가 그
분을 이길 수 있는 방법은 더더욱 없었으니까 말이지요. 그리고 그분은 장난을 치셨던 것처
럼 내려놓은 지팡이를 다시 잡으라 하셨고, 자포자기한 심정으로 그 지팡이를 다시 잡았을
때 그것은 어느새 '홍해'를 가르는 놀라운 영적 도구로 바뀌어져 있었습니다. 여호와께서는
바로 그것을 가르쳐주고 싶으셨던 것입니다. 나는 그렇게 내 계획과 내 생각, 내 계산과 내

kwang-lim

자아를 하나씩 내려놓는 훈련을 받고 있었던 것입니다. 그리고 내가 80세 되던 해, 하나님은 호렙산으로 나를 불러 이스라엘 민족을 해방시키라고 말씀하셨습니다. '그것이 나의 사명이구나, 그것이 바로 나의 후반전이 되겠구나...' 그때 나는 알 수 있었습니다. 또, 80이 된 내 심장이 여전히 하늘의 소망을 품고서 두근거리고 있음을 느낄 수도 있었습니다.

'사도 바울의 하프타임 이야기'

그리스도의 제자 스데반을 돌로 치려는 자들이 자기들의 겉옷을 벗어 맡아두고 있으라며 내 발치에 내려놓았을 때, 나는 스데반이 피 흘리며 죽어가는 것을 기대하는 마음으로 거기 서 있었습니다. 전통을 중시하는 나의 열심에 있어서 그는 모세의 율법을 거스르는 거짓 증거자임이 분명했기 때문이지요. 그래서 나는 누가 시키지 않았음에도 항상 남보다 앞서 (그리스도의 제자라고 불리었던) 그 무리를 소탕하는 일에 늘 열심을 내었고, 그리스도의 추종자들에 대한 박해 운동을 시작하였으며 그들이 처형될 때 거침없이 찬성표를 던졌습니다. 얼마 후, 다메섹이라는 곳으로 또 한 무리를 잡아내기 위해 걸음을 재촉하던 어느 날이었습니다. 독기 품은 열심으로 그리스도 무리를 겨누고 있던 나를 향해 말로 형언할 수 없는 광채가 하늘로부터 번쩍이더니 나를 둘러싸는 것이 아니겠습니까. 생전 처음 겪는 꿈과 같은 기이한 경험으로 인해 나는 두려움에 몸을 낮출 수밖에 없었습니다. 그때... 나는 그 분의 음성을 마음으로 받았고 내 마음을 그분께 모두 드렸습니다. 그것이 그가 나를 택하신 사건이었고, 내 거짓 열심히 무참히 깨어진 때였으며, 온 삶을 다해 그 한 분을 사랑하며 그 이유로 내 평생 가한 것에 몇 배나 되는 박해를 능히 감당하기 시작한 순간입니다.

'엘리야의 하프타임 이야기'

"나는 더 걸어갈 힘도 없었습니다. 국경을 겨우 넘어 유다로 내려갔고 다시 유다 남쪽의 광야로 쉴새 없이 도망쳐 온 것을 보셨지요. 이세벨, 그 여자는 정말로 남편인 아합 왕보다도 더 지독한 것 같으니 틀림없이 자신의 말처럼 나를 기어코 찾아내 죽이고야 말 겁니다. 보세요. 이제 제 옆엔 저와 함께 할 사람이 한 사람도 없지 않습니까? 저 혼자 남아서 도저히 이 일들을 다 감당할 수 없습니다. 차라리, 차라리 저를 데려가 주세요. 전 너무 지쳐서 더 이상 아무것도 할 수가 없습니다. 하기 싫습니다."
내 말을 들으신 여호와께서 지친 나를 위해 먹고 마실 것을 정성껏 준비하시던 손을 잠시 멈추고 조금은 슬픈 듯, 다정한 음성으로 말씀하셨습니다.
"사랑하는 자야, 너의 말을 듣고 내 마음이 너무나 슬프구나. 너의 말처럼 그 여인은 너를 해치지 못해. 정말 너를 해치려고 했다면 모두가 다 알만큼 그렇게 소문부터 무성히 흘리진 않았을 거야. 지친 너의 마음이 두려움으로 떨고 있구나. 너의 이름의 뜻이 '여호와는 하나님이시다' 라는 걸 알지? 내가 너를 살게 할 유일한 존재라는 걸 끝까지 믿어야 해. 우선은 내가 준비한 것을 먹고 쉬어라. 한숨 푹 자고 일어나면 좀 괜찮아질 거야. 내가 보내는 이 까마귀는 바로 나의 선물이란다. 그러나 이들은 작아서 한 번에 한 끼의 양 밖에는 가져가지 못할 거야. 나의 긍휼과 은혜가 너를 버리지 않을 것이라는 것을 내가 보여줄게. 아들아, 하지만 네가 여기 계속 이러고 있으면 안 된다. 잠시 먹고 쉬며 몸을 추스른 후에 너의 존재가 있어야 할 곳으로 어서 나아가거라. 그래야 내가 살 수 있어..."

나는 노래하는 게 너무 좋아요.
하나님이 날 그렇게 만드셨잖아요.
나는 춤추는 것도 참 좋아해요.
하나님이 날 그렇게 만드셨잖아요.
나는 글 쓰는 것도 좋아한답니다.
하나님이 날 그렇게 만드셨어요.

하지만
그 좋아하는 모든 것이
거절당하고 인정받지 못하고 외면당했을 때
난 이해할 수가 없었어요.

하나님, 하나님이 날 이렇게 만드셨잖아요.
하나님이 이것을 좋아하고 잘하게 만드셨잖아요.
그런데 왜 다 못하게 방해하시는지
모두 안 되도록 막으시는지 그때 정말 이해할 수 없었어요.

그리고 한참이 지난 후에 알게 되었죠.
무엇을 하는 것이 중요한 게 아니라
무엇을 위해 하느냐가 더 중요한 것이라는 걸.

내가 하고 싶은 것을 하는 게 중요한 게 아니라
누구를 위해 하느냐가 더 중요한 것이라는 걸.
그래야 내가 원래의 목적대로 최고의 행복을 누릴 수 있다는 걸.

안 되는 듯 멈춰선 듯 답답한 이 순간도
제대로 길을 찾기 위한 신호 정지의 찰나일 뿐이라는 것.

그때는 몰랐습니다.
잘못했다고,
이제는 정말 안 그러겠다고 하면 되는 줄 알았습니다.

항상 습관처럼 기도를 시작할 때
나의 잘못을 고백하면 그걸로 회개는 끝나는 것으로 알았습니다.

이제야 알았습니다.
진정한 회개는
입술로 하는 것이 아니라
말에서 그치는 것이 아니라
내 고백에 책임을 지고 삶으로 실천하는 것이라는 걸

잘못 걸어온 길에서 과감히 돌아서는 힘찬 발자국,
나를 향해 눈물로 두 팔 벌려 서 있는
아버지를 향해 달려가는 기쁨의 숨소리가
진짜 살아있는 회개라는 것을

Story

04.

빛나는 길 위에서 다시 만나다

한결 같은 당신을 어찌 사랑하지 않을 수 있을까
변치 않는 사랑을 어찌 모른 척 할 수 있을까
그 이름, 그 사랑, 어떤 말로 다 표현할 수 있을까

눈부시게 빛나는 이 길에서 처음부터 나와 함께 한 당신
끝까지 나를 포기하지 않고 지켜주신 그 사랑의 의지
놀랍도록 감격스러운 우리의 동행은 영원까지 계속될 것입니다.

Date /

하나님이 계시고

하나님이 유일하고

하나님이 하신다고 인정하는 것이

바로 최고의 겸손함

Knowing him

말씀은 이해가 아니고 순종이다.

말씀은 설득이 아니고 체험이다.

말씀은 논리가 아니고 믿음이다.

생 명 을 전 하 는 코 드 사 랑

My letter to you

knowing him

사랑의 본질은 감정이 아니라 의지다.

하나님은
사랑스럽지 않은 우리들을
사랑하시기로 작정하셨으므로
의지를 가지고 끝까지 사랑하셨다.

자기를 버리면서까지 사랑하신 그분은
자신을 따라 우리도 그렇게 살라고
말할 수 있으신 유일한 분이다.

132
-133

하나님이 한 생명을 사랑하실 때는
세상에서 사랑할 대상이 그 한 사람밖에 남아있지
않은 것처럼 전부를 쏟아 끝까지 사랑하신다.

그런데 나는
세상의 많고 많은 것 중에 하나인 것처럼
뜨문뜨문 하나님을 기억해낼 때가 더 많은 것 같으니
그게 너무 죄송하다.

knowing him

내 삶에서 일어나는 모든 것을 감사할 수 있음은
내가 기도했음으로 그것이 당신의 뜻이라 확신하기 때문입니다.

보잘것없는 약한 나를 강한 의지로 사랑하셨듯이
나의 성장을 위해 당신이 침묵하는
그 막막한 고요까지 이제 나도 의지로
사랑하고 믿으며 감사로 기다립니다.

Knowing him

진짜 '사랑'은 어떠한 일이 있더라도 끝까지 책임지는 멋진 '사랑'
무책임하지 않아 더욱 빛나는 당신의 그 의지 어린 사랑을 알게 하시려고,
나에게 지금 이 길을 안내하신 걸까요
제가 지금 그 진짜 사랑에 가까이 다가서고 있습니다.
연약한 존재가 눈물로 마음을 씻어 조금씩 진짜 내 모습을 찾아가다 보면
변치않아 감격스러운 당신의 의지와 마주서게 되는 날이 있겠지요.

나도 당신의 마음을 더 아프게 하고 싶지 않아요.
그렇다고 정직하지 않은 모습으로 괜찮은 척 하고 싶지도 않아요.
그저 당신을 향해 변함없이 두근거리는 이 마음을 보여드릴게요.
내가 울던, 웃던, 상관없이 빛나는 이름을 나도 나의 의지로 찬양할게요.
내 마음의 소리를 들어주세요.
당신 사랑의 상대인 나는 'New Creature' 입니다.

나의 조급한 시선에
당신을 가두지 않도록

당신이 보는 곳
내가 보고,
당신이 향한 곳
내가 가고,
당신이 품는 곳
내가 안는,

그렇게나마 이
어느 때나 항상
나는 참당신을
닮아가고 싶습니다.

Doll's House

Knowing him

나를 향한 시험의 단 위에
나 역시 열두 바가지의 물을 도리어 부어놓고
하나님을 감동시키는 기도를 올리고 싶다.
내가 비록 지금 눌리고 아프고 외롭고 힘든
이 깊은 마음의 잔에 열 두 번의 물을 더 부어도
사랑의 불을 내려 또 나를 새롭게 하심을 내가 믿나이다.

이 희미한 믿음의 불씨로
당신을 기쁘게 할 수 있다면.

그분,

내겐 너무 정확하신 분

그분,

내겐 너무 신실하신 분

그분,

내겐 너무 친밀하신 분

그분,

내겐 벅찬 사랑 그 자체

머지않아, 인류의 모든 시간이 종료되고 완전한 영광에 눈이 멀게 될 순간, 태초부터 유일하셨던 나의 그분과의 설레는 재회가 시작될 것이다.

사랑,

그 이름만으로도

모든 것이 용납되는 건

사랑,

그 이름만으로

모든 것을 희생하셨던

사랑,

그 자체이신 아버지의

나를 향한 '전부'임을 믿기에

God is Love

God is Good!

Knowing him

사랑 받아 본 적이 없다니
그래서 너는 불행한 사람이라니
사랑 받아 본 적 없어서
사랑할 줄 모른다고 하다니
너는 처음부터 지금까지
유일한 사랑을 받아온 한사람인데

오직 사랑에 눈이 멀어
죽음으로 기꺼이 걸어 들어가
피 묻은 손으로 다시 쟁취해온,
오직 사랑에 눈이 먼 생명의 근원이
자신을 죽여 다시 살게 한 놀라운 가치
그게 바로 너야

어김없이 세상 끝으로
나를 끌어당기려는 너의 힘,

죄의 중력

그러나 이전과 같이
무기력한 모습으로
끌려가지만은 않는다.
내 작은 의지를 통해
세상을 움직여 싸워주시는
아버지의 사랑이
지금 나를 보호하고 있으니

Knowing him

번지점프를 하려고 꼭대기에 섰습니다.

몇 번이고 아래를 내려다보다
몇 번이고 호흡을 가다듬고서
몇 번이고 망설이고 망설이다
이제 뛰면 되는데
이제 그만 뛰면 좋겠는데
저 너른 팔 벌려 나를 맞이하는 그 품으로
뛰어들면 끝나는 건데
혹시나 하는 마음에
행여나 잘못될까 하는 염려에
만약에 아니면 어떡하나
치고 오르는 불안함에
답답하리만큼 발이 떨어지질 않습니다.

내가 주저하고 있는 이 순간에도

벌린 팔을 거두지 않으시고
눈물로 그 고통 참으시며
나만을 주시하고 있는 당신.
이 상황에서 나도 승리하고 싶습니다.

처절하게
간절하게
애절하게 다시 한번.
이제 나 정말로 뛴다, 난다, 간다!

당.신.의.이.름.을.위.하.여.

[주께서 나를 지키사
원수들의 뜻에 맡기지 않으시고
반드시 살게 하시리라]

아무것도 보이지 않는 칠흑의 어둠
귀 곁을 생생히 스쳐 지나는 냉혹한 바닷바람
낭떠러지로 떨어지듯 아스라이 멀어지는 굉음

난 여기서 과연 살아날 수 있을까
난 여기서 대체 무엇을 해야 하는 걸까
찰나, 심호흡을 한다.
마음의 풍랑부터 잠잠히 잠재우자.

그 가운데 들려오는 구원의 음성에
급박해진 내 삶을 전적으로 의지하려 든다.

그래,
죽을 것만 같은 이 두려움을 떨쳐내고
망설이며 주저하던 첫발을 내딛자!
시커먼 물위로 과감히 몸을 날리자!

나는 결코 죽지 않는다.
내가 죽도록 그분이 그냥 두지 않는다.

이 물위로 내 삶을 통째로 던질 때
비로소 나는 믿음이라는 바람에
몸이 맡겨지는 자유함을 누리며
물위를 밟고 서서 걸을 수 있는 능력을 받아든다.

하나님은
자신을 향해 사랑으로 뛰어드는 자를
기쁨으로 환영하신다.

생명을 걸고 들어와
휘장을 열어젖히며
하나님의 영광을 향해 달려든
다윗의 담대한 사랑과 믿음에
하나님은 당신의 영광을 숨기지 않고
과감히 만인에게 노출시키셨다.

하나님이 사랑하신 다윗의 장막.
그래, 하나님도 기대하신다
사랑의 마음을 안고
자신의 품으로 뛰어드는 자들의
믿음과 도전을!

그래서 과연
천국은,
침노하는 자들의 것임을.

마치 죽은 듯
시커먼 고통이 나를
짓누르는 이 순간에도
나는 살아가고 있다.

내 안에는 분명
꺼지지 않을 생명의 씨앗이
숨겨져 있기 때문이다

그 생명이 있기에 나는 지금
치열하게 자라가고 있는 중이다
멈추면 죽지만 기다리면 산다.

비록 죽을 듯 온몸을 들끓는
고통이 따른다 할지라도
결국 나를 살게 하고
내가 자라게 하기 위해서

지나야 하는 생명의 성장통일 뿐.

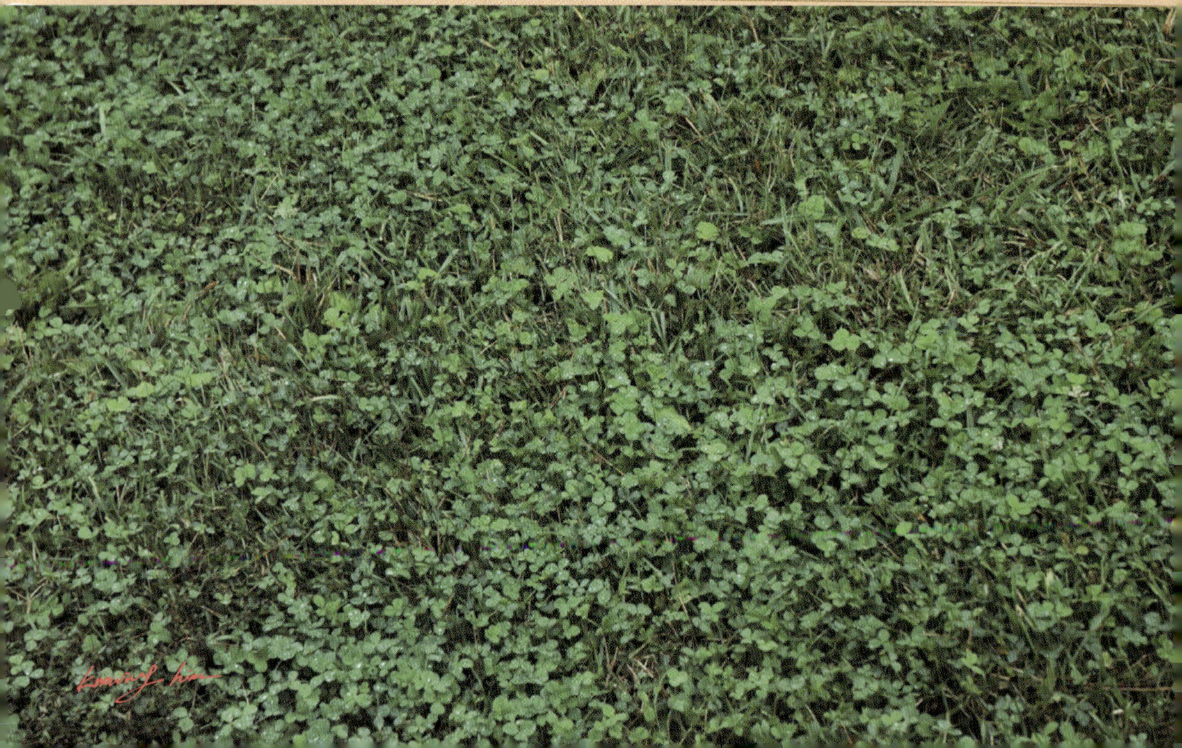

다시 오실 왕이 부르는 노래 중에 노래
은혜로 나를 찾으실 사랑 중에 으뜸
영광의 빛이 세상에 임하실 그때
감격 속에 맞이할 될 가장 멋진 재회

Date /

하나님의 은혜가 임재하는 곳
살아감에 기쁨이 제공되는 곳
모든 것의 선택이 공존하는 곳

now

and

here

주님이 창조한 시간은
점점 바닥에 가까워지고
그 가운데 나도 속해있는,

now

and

here

우체통

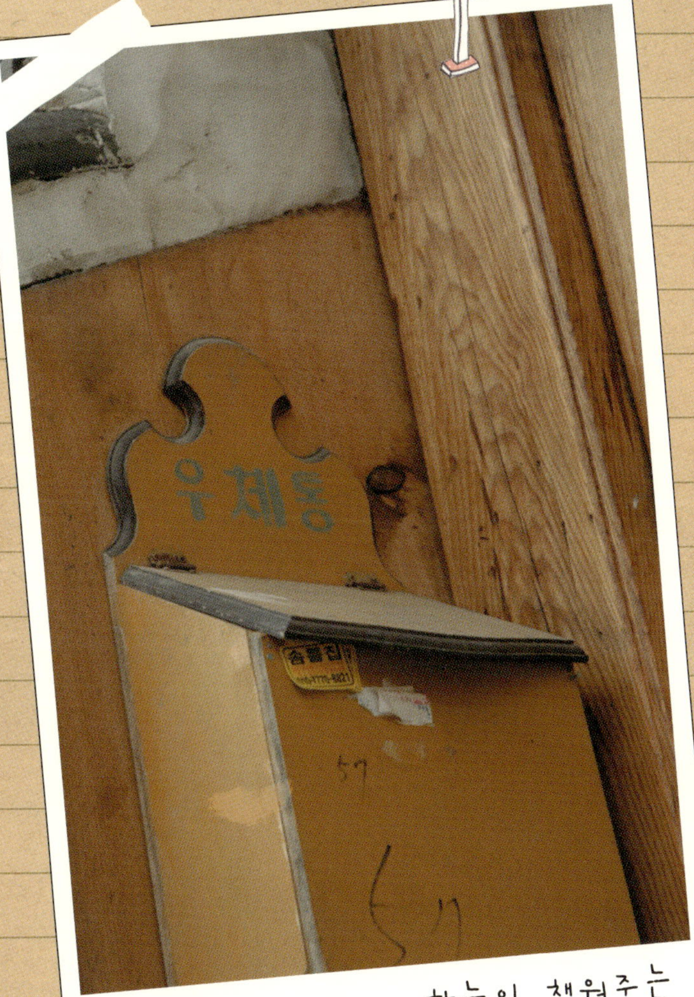

하늘이 채워주는
부름이 있다면
세상을 향해
결코 구걸하지 않습니다.

당신을 안고 싶어요
　　　사랑하니까
당신이 보고 싶어요
사랑에 빠져 있으니까

숨지 말아요
항상 그리운 당신
그대로를 나는 사랑합니다

당신을 보여 주세요
당신을 더 말해주세요
자상한 눈빛이 머무는
　그 반지에 앉아
오직 당신의 음성에만
집중하고 싶어요

이렇게 아름다운 모습이 세상에 또 있을까
이렇게 믿음직한 성품을 무엇과 비교할 수 있을까
내 눈빛이 말하고 있는 진실을 볼 수 있나요?
내 마음이 지금, 이렇게 말하고 있어요.

사랑이란 말을 만들어 준 당신을,
사랑이란 의미를 알게 해 준 당신을,
사랑이란 말의 완벽함을 보여주는 당신을,
완전한 사랑의 말로도 다 표현할 수 없는
모든 것의 전부인 나의 한분
당신을 내가 사랑하고 있어요.

이름만 불러도 눈물이 툭 떨어질 만큼
커다란 의미가 된 당신은
영원한 나의 최고, 나의 전부
보잘 것 없는 내 노래에도
또 다시 화답하시는 당신은
사랑에 모든 것을 거신 예수

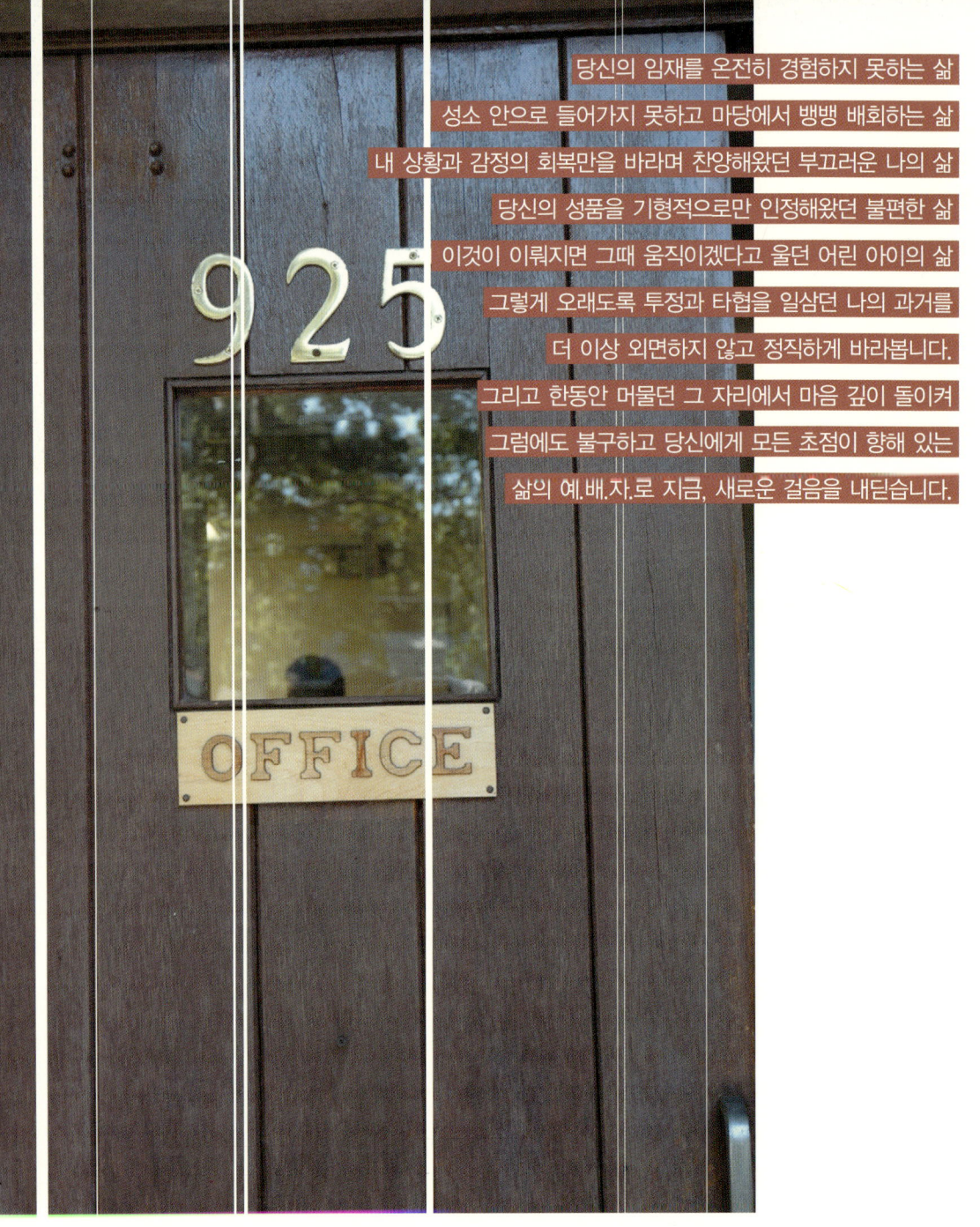

당신의 임재를 온전히 경험하지 못하는 삶

성소 안으로 들어가지 못하고 마당에서 뱅뱅 배회하는 삶

내 상황과 감정의 회복만을 바라며 찬양해왔던 부끄러운 나의 삶

당신의 성품을 기형적으로만 인정해왔던 불편한 삶

이것이 이뤄지면 그때 움직이겠다고 울던 어린 아이의 삶

그렇게 오래도록 투정과 타협을 일삼던 나의 과거를

더 이상 외면하지 않고 정직하게 바라봅니다.

그리고 한동안 머물던 그 자리에서 마음 깊이 돌이켜

그럼에도 불구하고 당신에게 모든 초점이 향해 있는

삶의 예.배.자.로 지금, 새로운 걸음을 내딛습니다.

많고 많은 존재들과
광대한
우주의 주재료,
사랑의 레시피

그 사랑으로 만물을 지으사
그 설레임 가득한 표정으로
정성스레 포장해
그 사랑스러운 몸짓으로
내게 선물하시며
그 부족함 없는 분이
나의 반응을 기대하시네

할 수만 있다면
너무 고마워요
너무 수고하셨어요

너무 사랑스러워요
정말 최고 중에 최고에요.
라고,
끊임없이 끊임없이
말해주고 싶어요.

내게 선물한 이 사랑,
잊지도 놓치지도 변하게도
하지 않을게요.

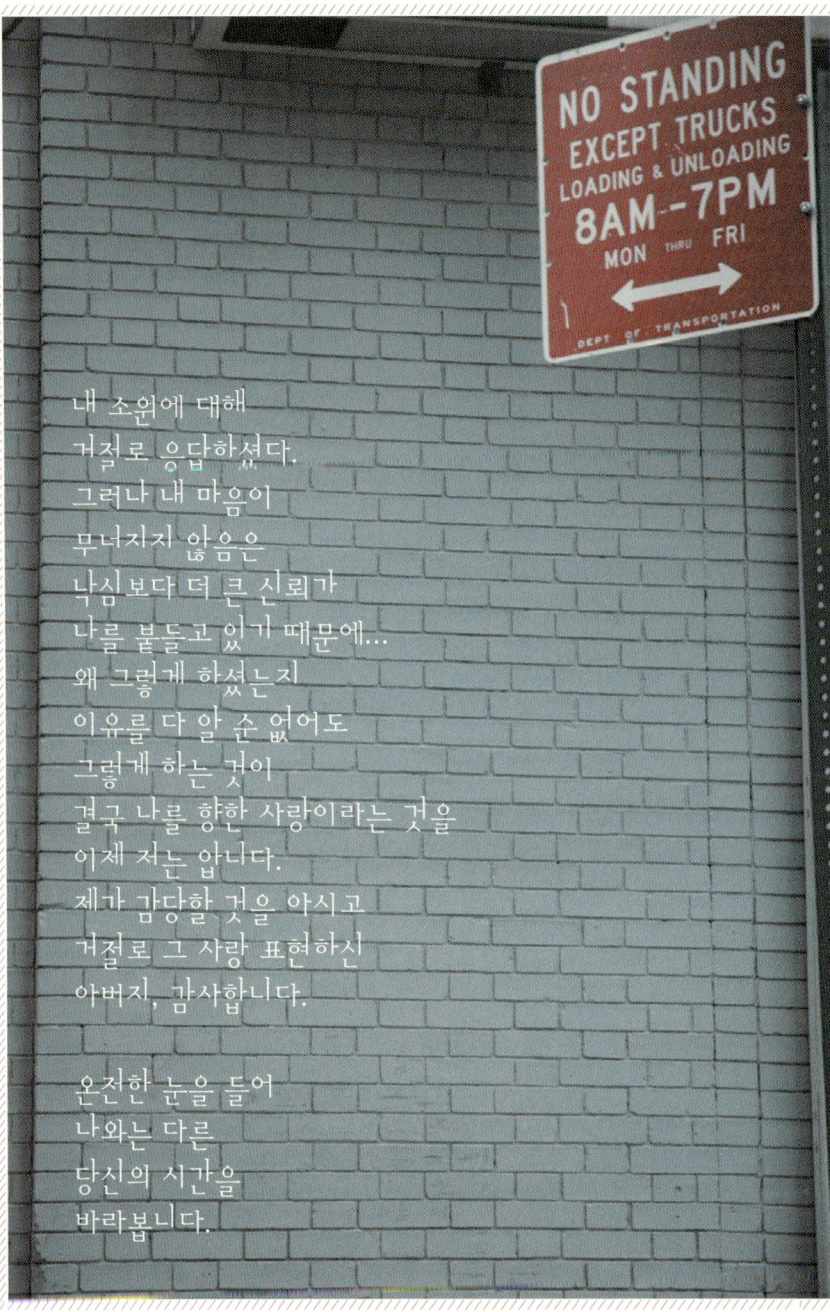

내 소원에 대해
거절로 응답하셨다.
그러나 내 마음이
무너지지 않음은
낙심보다 더 큰 신뢰가
나를 붙들고 있기 때문에...
왜 그렇게 하셨는지
이유를 다 알 순 없어도
그렇게 하는 것이
결국 나를 향한 사랑이라는 것을
이제 저는 압니다.
제가 감당할 것을 아시고
거절로 그 사랑 표현하신
아버지, 감사합니다.

온전한 눈을 들어
나와는 다른
당신의 시간을
바라봅니다.

Knowing him

소유하려는 마음
자족하려는 마음
무엇이 내게 자유를 줄까

생각의 싸움에 적극적으로 임해라

사단은 늘 '문제중심' 으로 상황을 끌고 가려 하지만

성경은 언제나

상황에서의 '진리' 에 초점이 맞춰져 있다.

아무 이유 없이 우리가 죄인인 그때 신이 자신을 내어준 사건

그 사실에 대한 감격이 새차게 가슴을 친다

사랑 때문에
사랑 때문에

그 사랑 때문에 스스로를 내어주신, 나는 아직 이해할 수 없는 그 사랑

그 사랑 닮고 싶다 위로가 되어드리고 싶다 같이 있어 주고 싶다
노래 불러주고 싶다 이야기하고 싶다 이야기 듣고 싶다

표현할 수 없는 감동으로 종일 가슴이 뛴다

당신…
모든 것의 주인공되시며
그 존재만으로도
이미 온전한 완성을 이루던 그 때

당신이 친히
몸을 일으켜
나를 먼저 찾아내주었어요.

그리고

나를 위해
당신이 친히
몸을 움직여
완벽했던 축제를 새로 세팅하고
나를 위해
손수 바쁘게 움직이고 일하시며
또 나를 위해 자신의 자리를 친히 내어
주셨지요.

그 사랑
그 겸손함

이런 내가 당신에게 무슨 의미냐고
이런 내가 당신과 무슨 상관이 있냐고
이런 나를 알고는 있는 거냐고

바보 같은 질문이 너무 오래 길어졌죠.

나를 향한 그 시선
한번도 거두지 않고
나를 위한 그 손길
한번도 멈춘 적 없고
나를 품은 그 심장
지금도 거세게 요동치는

이런 사랑을
왜 내가 진작 알지 못했을까요
왜 진실을 속이는 소리에
나의 마음을 감추려 했을까요

언제나 그 자리에서
언제나 그 모습으로
나를 사랑해주는 당신
나도 당신을 사랑합니다.

사랑을 전할 길이 없어
멈춰서야 한다면,
그곳으로 내가 걸어가
사랑의 길을 내리라.

사랑을 나눌 길이 없어
돌아서야 한다면
내가 먼저 손 내밀어
사랑의 길을 내리라.

나무도 하나님이 원하실 때 꽃을 피운다.

바람도 하나님이 말씀할 때 가던 길을 멈춘다.

바다도 허락 없이 함부로 쏟아지지 않으며,

딱따구리도 지으신 대로 그 단단한 부리로

나무 쪼는 일을 멈추지 않는다.

만물이 그렇게 지어진 모습 그대로

창조의 손길을 날마다 겸손히 찬양한다.

최후 승리를 얻기까지 –

지금부터
그때까지

끝에서
끝까지

마지막의
끝날까지

이미 시작된 승리의 싸움,

그 가운데서

사랑을 포기하지 않으리
사랑만은 버려두지 않으리

epilogue

살다 보면 마주하게 되는 삶의 무게감.

이 길의 끝은 어디일까 하는 알 수 없는 두려움.

내가 지금 잘 살고 있는 것인지에 대한 의문.

그런 것들이 걸음을 더디게 할 때가 더러 있을 것이다.

이 길의 끝에 그가 있다는 걸 알지만 아니, 이 길 위에 언제나 함께 하신다는 걸 인정하지만

믿는 자의 삶을 누리고 있는가 하는 질문 앞의 망설임.

그러나 나는 지금 선 곳에서 다시 한걸음을 내딛는다.

결코 회칠한 무덤의 모습으로 살지 않겠다고 선포한다.

나는 죽음의 영들이나 머물다 가는 그런 사람이 아니다.

걷다가 멈춘 자들의 곁을 서성이는 주린 독수리의 벗이 아니다.

사랑하는 이도 나를 향해 말씀하길

"네가 걸어가는 길 위에 생명의 꽃이 피어나게 할 지극히 존귀하고 눈부시게 아름다운 유일한 존재"

라고 하셨기에.

힘겨워도 외로워도 다시 한걸음 내딛는 그 걸음으로 인해 새 길이 열릴 것이며

그 끝에 내가 영원히 머물 아름다운 고향이 있다.

주시는 것에 감사하는 겸손한 모습으로 들리는 음성에 반응하는 살아있는 모습으로 살자.

지기 생명의 근원을 따라 내 사방노 함께 흘러가고 있다.

흘러가는 이 길 위에서 한걸음 한걸음

그를 향해 나아가고 있는 이 흔적들...

이 걸음마다 새겨진 그 분의 도우심과 지키심을

감사로 돌아볼 날이 어제보다 가까운 모습으로 다가오고 있다.

설렘에 가득 차 나를 향해 달려오는 사랑의 근원이여.

당신을 안다는 것은, 그 사랑에 내 삶을 남김없이 동화시킬 수 있음을 의미합니다.

나는 완벽한 당신의 것, 당신은 온전한 나의 것입니다.

I am my lover's

and my lover is mine

by Song of Songs

'그를 아는 것'

Knowing him 노잉힘

초판 1쇄 인쇄 | 2010년 2월 18일
초판 1쇄 발행 | 2010년 2월 24일

글 · 그림 | 정선경
펴낸이 | 김 일
펴낸곳 | 도서출판 글로리아

주소 | (156 - 830)서울시 동작구 상도1동 685
전화 | 02-824-3004, 5004
팩스 | 02-824-4231~2
홈페이지 | www.kcdc.net
출판등록 | 1989년 3월 9일 제3-235호

캘리그라피 | choi
디자인 | some+think 디자인

ISBN 978-89-7666-099-2 (03230)